我
们
一
起
解
决
问
题

物业项目经理

项目经理

工作指导手册

滕宝红◎主编

人民邮电出版社

北京

图书在版编目（CIP）数据

物业项目经理工作指导手册 / 滕宝红主编. -- 北京：
人民邮电出版社，2023.11
ISBN 978-7-115-63065-0

Ⅰ．①物… Ⅱ．①滕… Ⅲ．①物业管理－手册 Ⅳ.
①F293.33-62

中国国家版本馆CIP数据核字(2023)第204511号

内 容 提 要

　　作为物业公司的重要成员，物业项目经理的管理作用与价值越来越显著。物业项目经理只有充分发挥自身价值，不断提升管理质量，才能更好地满足业主的需求，实现公司的精细化管理。

　　本书充分考虑了物业项目经理的管理专业性和实践应用性等，从筹建物业管理处、维护物业项目安全、管理辖区绿化、控制物业成本等多个方面介绍了物业项目经理的工作内容，同时，对于比较棘手的物业成本控制、客户投诉处理等问题给出了实用的解决方案，并配有多个实战范本，力求重现真实的物业项目经理管理场景。

　　本书适合物业公司的负责人、培训工作人员和物业项目经理阅读。

◆ 主　　编　滕宝红
　　责任编辑　刘　盈
　　责任印制　彭志环

◆ 人民邮电出版社出版发行　　北京市丰台区成寿寺路 11 号
　　邮编　100164　　电子邮件　315@ptpress.com.cn
　　网址　https://www.ptpress.com.cn
　　北京天宇星印刷厂印刷

◆ 开本：720×960　1/16
　　印张：17　　　　　　　　　　　2023 年 11 月第 1 版
　　字数：300 千字　　　　　　　2025 年 8 月北京第 4 次印刷

定　价：79.80 元

读者服务热线：(010) 81055656　印装质量热线：(010) 81055316
反盗版热线：(010) 81055315

前　言

业主对生活环境、生活质量的要求越来越高，他们需要的不再仅是遮风挡雨的栖身之所，而是秩序井然、环境优美、邻里和睦的生活环境。丰富业主服务体验、提升物业服务水平，已成为物业公司增强自身综合竞争力的重要手段。

物业项目经理是物业项目的主要负责人，其执业能力和综合素质直接关系到物业项目的管理水平。要想提升物业项目的管理水平，就要培养一支法律意识强、懂业务、善管理的物业项目负责人队伍，推动和构建完善的物业管家体系。物业管家是物业管理体系有效落地的关键和保障，是提升业主满意度、实现物业服务企业健康可持续发展的基础。同时，物业公司为提升物业服务质量，必须推动物业服务的标准化、智能化、市场化建设，从而实现物业管理服务水平的跨越式提升。

基于此，我们组织了相关院校物业专业的老师和房地产物业咨询机构的培训讲师，参照《中华人民共和国民法典》《物业管理条例》及物业管理实践与理论研究的新趋势和新经验，编写了《物业项目经理工作指导手册》《物业管家业务操作指导手册》和《物业目视化管理与 5S 推行手册》，供读者参考使用。

其中，《物业项目经理工作指导手册》一书由物业项目经理岗位认知、物业管理处的筹建、物业项目接管验收、新建物业入伙服务、物业二次装修管理、物业设施设备日常管理、物业项目安全维护、维修服务管理、物业辖区绿化管理、物业辖区保洁管理、业主（用户）投诉处理、物业成本控制、物业服务质量控制和物业项目管理风险防控 14 个部分组成，可为物业项目经理提供实操性极强的专业参考。

由于编者水平有限，加之时间仓促、参考资料有限，书中难免出现疏漏，敬请读者批评指正。

目 录

物业项目经理是管理某个物业项目的第一责任人，也被称为物业经理、物业管理处经理（主任）、项目经理、物管主任等。为了便于阅读，本书统一称之为物业项目经理。物业项目经理要想对自己的各项工作有所认识，就一定要先对自己有清晰的定位，了解自己的岗位职责、工作目标和素质要求。

物业管理处是物业项目的现场办事机构，物业项目经理是这一机构的直接责任人。物业管理处的筹建工作做得好不好，直接关系到以后的验收接管、入伙装修及常规服务期的工作。

第三章 物业项目接管验收

物业的接管验收是关系到今后物业管理工作能否正常开展的重要环节。在完成接管验收后，整体物业连同配套的设备、设施就应该移交给物业公司了。因此，为确保今后物业管理工作能够顺利开展，物业公司必须认真验收，以分清工程缺陷的整改责任，避免业主承担工程风险。

　　入伙是物业管理正式运作的开始，也是物业管理工作中难度最大的一个环节。入伙工作做得好，开发商的很多遗留问题就会得到妥善解决，业主也会对物业公司留下美好的印象。

第五章　物业二次装修管理 77

　　装修管理是新入伙小区尤其是集中入伙小区最主要也是最重要的工作。据统计，一般中型以上小区在新入伙一年内，装修管理的工作量往往占小区物业管理工作量的一半以上。

第六章　物业设施设备日常管理.............................103

物业设备很多，且大部分设备都需要24小时运行来保障业主的日常生活需要。若无专人做好日常保养，一旦设备出现故障，就会给业主的生活造成极大的不便，也会造成业主满意度下降，业主就可能会以此为由拒缴物业管理费等。另外，经常保养可以延长设备的使用寿命，降低运营成本，所以物业项目经理应重视对设备的日常管理。

第七章　物业项目安全维护 127

作为物业项目管理中最重要的一环，安全管理也是其最大的一项业务。因为只有安全第一才能保证小区正常运行，所以安全防范与管理是物业项目经理的工作重点。

第八章　维修服务管理 ………………………………… **151**

业主（用户）维修作业涉及要进入业主（用户）室内，从客服中心接单开始，到维修人员作业完成离开业主（用户）家，如果各个方面都做得细致入微，相信业主（用户）会认为物业公司非常专业、服务水准非常高。这对日常管理中业主（用户）的配合及维修费用（有偿维修服务项目）的收取会有很大帮助。所以，物业项目经理有必要定期组织维修人员进行培训，让其了解上门维修服务的基本要求，以及一些具体问题的处理方法。

第九章　物业辖区绿化管理 ………………………………… **163**

小区绿化管理水平往往是业主对该小区的物业管理水平的第一印象及第一评价标准。绿化作为小区的门面，往往会给进入小区的人留下很深的第一印象。在全国的物业管理优秀示范小区评比标准中，绿化管理也是一项重要的考评内容。

第十章　物业辖区保洁管理 ……………………… 187

环境卫生管理是物业管理中的一项经常性服务工作，其目的是净化环境，给业主和使用人提供卫生、舒适、优美的工作和生活环境。良好的生活环境不但有益于业主们的身体健康，更是反映物业管理水平的重要标志。因此，物业项目经理必须重视保洁管理工作。

第十一章　业主（用户）投诉处理........................203

投诉是指业主（用户）因对物业公司的服务提出需求或不满等，通过各种方式向有关部门反映的行为。其方式包括来电、来访、来函及其他（如登报）等。接到业主（用户）投诉后，物业项目经理应认真分析原因，并妥善处理，同时，应建立投诉处理制度，对所有物业工作人员进行培训，确保每个工作人员面对投诉时知道该如何处理。

第十二章　物业成本控制 215

物业公司除了要想办法提高物业管理费的收缴率，应该将控制成本视为内部管理的重中之重。成本控制的目的就是增加收入、减少支出，杜绝浪费和避免不必要的开支。

第十三章　物业服务质量控制

物业服务质量直接影响着物业公司的形象及业务拓展。抓好物业服务质量，事关物业项目的全体员工，甚至全体业主（用户）。所以，管理的方法、技巧很重要。

第十四章　物业项目管理风险防控

物业公司的管理风险可谓无处不在。一方面是物业管理服务涉及秩序、环境、设备、设施、建筑本体等多个专业门类；另一方面是物业公司需要面对业主群体、政府部门、市政单位等关联性客户群，承载着很多社会责任和义务。

第一章　物业项目经理岗位认知

1. 能描述物业项目经理的职责。

2. 能概括物业项目经理的素质要求，有计划地提升自身各方面的素质。

3. 能说明物业项目经理的工作目标，为任职后有目的地工作打下基础。

4. 能完成物业项目管理不同阶段、不同时间节点的工作。

导读 >>>

物业项目经理是管理某个物业项目的第一责任人，也被称为物业经理、物业管理处经理（主任）、项目经理、物管主任等。为了便于阅读，本书统一称之为物业项目经理。物业项目经理要想对自己的各项工作有所认识，就一定要先对自己有清晰的定位，了解自己的岗位职责、工作目标和素质要求。

1.1 物业项目经理的职责要求

尽管不同的物业公司对物业项目经理的职责要求有不一样的规定，不同的物业项目对物业项目经理的职责要求也会有差别，但总而言之，都涵盖于以下职责内：

（1）负责组织落实物业接管验收，对房产公司在此过程中遗留的问题进行整改追踪、协调；负责办理业主入住的统筹、协调工作；

（2）负责新的物业项目管理处的组建与管理，根据新物业项目的验收接管程序及实际需要，提出相应的调整定员定编的建议，组建优秀的物业管理队伍；

（3）负责物业项目部的全面管理工作，根据物业管理委托合同和有关物业管理的法规、政策，组织员工向辖区提供公共秩序维护、保洁、绿化养护、房屋及设备设施运行维护保养等服务；

（4）拟订年度工作（含财务预算）计划，执行公司各项管理制度，控制管理成本，对本物业项目的经营管理状况负责；

（5）在所辖范围内做好物的管理和人的服务工作，协调物业公司处理和记录客户的投诉、业主日常联系走访及意见征询工作，为业主提供优质服务；

（6）负责制定所属部门的各类规章制度和防范措施，负责指导物业服务中心处置公共突发事件，拟制、演练各种处置方法；

（7）对物业服务中心发生的各类安全事故和隐患要认真核实、区分责任，提出处理建议；

（8）负责与当地政府相关部门、社区居委会、业主委员会、大客户（业主）保持沟通，确保与其保持良好的公共关系；

（9）经常巡视物业管理处各岗位的工作情况，检查与服务质量、环境相关的工作内容，及时发现和解决问题。

1.2　物业项目经理的素质要求

项目管理是物业公司成功运营的关键，物业项目经理是物业公司至关重要的管理骨干。一个合格的物业项目经理应具备以下素质和能力。

1.2.1　具备最基本的道德素质

如果物业项目经理具备高尚的品质，就一定会衍生出许多有利于企业发展的举措和影响力。例如，任人唯贤、知人善用，企业的核心竞争力就会因此而大大增强；与人为善、心胸开阔，团队的亲和力必然会增强；忠于职守、兢兢业业，企业才能蒸蒸日上，等等。相反，有些物业项目经理为了单纯追求完成定额指标，将品质管理抛之脑后或对公司的监督管理持敌视态度，对用户的承诺也不予兑现或态度恶劣，导致业主的不信任甚至不满；有些物业项目经理置相关法律法规和公司利益于不顾，行业中由于物业项目经理携款潜逃而给公司带来经济损失和负面影响的例子不胜枚举，这更说明了物业项目经理职业道德的重要性。

1.2.2　具备一定的文化涵养和专业素质

有一定的文化涵养和专业素质是合格项目经理应具备的重要硬件，这是物业项目经理努力学习和反复实践的结晶，是物业项目经理能够顺利执行企业决策，具备开拓进取精神的根本。

以下三方面的表现能够体现物业项目经理在运作项目时的专业素质。

（1）及时有效地做好前期介入工作。

（2）精心组织、高标准、全方位地做好业主入住和装修管理工作，营造安全、舒适、有序的小区环境，迎接业主入住，保证小区免遭二次装修的损坏。

（3）依法依约、规范运作，把工作做细做深。遵纪守法、照章办事是物业管理行业的根本。因此，物业项目经理要学习国家及地方出台的一系列法律法规，要言之有据，办事合法，同时注重时效性。项目经理要带头学法、知法、懂法，要熟悉和理解多部法律，如《中华人民共和国宪法》《中华人民共和国民法典》，以及行政法规，如《物业管理条例》，招投标办法、分等级收费办法、维修资金的管理办法、消防等方面的相关法规。

1.2.3 不可缺少的个性化因素

物业项目经理要做好工作，还必须具备个性化的素质。因为企业文化、团队精神的形成都与项目经理的个人风格密切相关。项目经理的个性包括要强、魄力、独具匠心、逆向思维等。除此之外，物业项目经理还必须具备以下五种能力。

1.2.3.1 决策能力

物业项目经理要迅速领悟公司决策的丰富内涵。项目管理是一项复杂的系统工程，涵盖了安全保障、绿化、保洁、设施设备的维护保养、财务管理、人力资源管理等诸多内容。物业项目经理还要同开发商、业主委员会、业主、行业主管部门、派出所、街道办、居委会、水、电、气、光纤公司等相关部门发生业务关系，工作头绪多，接触面广。如果物业项目经理不具备出色的决策能力、不敢决策、不会决策，事无巨细地依赖上级领导或盲目决策、轻率决策，结果往往就要失败。

1.2.3.2 执行能力

物业项目经理必须是实干家。公司决策一旦出台，物业项目经理就必须集中精力、精心组织、悉心落实；对项目所需人、财、物、技术等要素进行合理配置和优化组合，并根据项目变化不断调整决策。

1.2.3.3 组织能力

物业项目的执行者要像导演和指挥家，对谁在台前，谁在幕后，什么人该扮演什么角色，各种乐器该如何协调搭配都要成竹在胸，只有这样才能完成一部力作或奏出和谐的交响乐。物业项目经理要勇于承担责任，要统揽全局、安排恰当、人尽其用、各显其能、制度健全、高效精干，使物业管理团队向着既定的目标奋进，直到实现预期的效果。

1.2.3.4 协调能力

物业项目经理要接受公司领导及相关职能管理部门的指导和监督，要与相关协作部门和其他物业管理处协调好各种关系；要善于团结自己的团队成员，与下属保持良好的交流和沟通状态。如果不能协调好这诸多关系，物业项目经理就无法取得各方面的支持，工作也难以开展下去。

1.2.3.5 创新能力

为增强物业公司的可持续发展能力，物业项目经理必须具有一定的创新能力。物业项目要发展，就要改革创新，要突破陈规去创立新的观念、新的思路、新的经营和管理模式。物业项目经理只有具备了较强的创新能力，才能赋予物业项目新的活力。

1.3　物业项目经理的工作目标

目前，各个物业公司下属的物业管理处通常采取公司领导下的经理负责制（也叫项目负责制），公司与物业管理处经理签订经营管理责任书，明确物业管理处的经营管理责任和目标，实行目标管理。以下为某物业项目经理的目标责任书。

【实例】

物业项目经理目标责任书

为确保 ×× 物业管理有限公司年度目标得以实现，经公司总经办与目标责任人（物业项目经理）共同商讨，已确定 ×× 物业管理有限公司年度工作责任目标，并拟由目标责任人与 ×× 物业管理有限公司签署确认。

一、责任目标

（一）管理目标

1. 全年不发生重大安全责任事故。"重大安全责任事故"是指：

（1）因失职或玩忽职守引发的员工死亡事故；

（2）因失职或玩忽职守引发的公司重要财产报废、损毁事故；

（3）因失职或玩忽职守引发的火灾事故；

（4）因失职或玩忽职守引发的水浸事故；

（5）因失职或玩忽职守引发的恶性治安事件；

（6）因失职或玩忽职守引发的业主／使用人重伤、死亡事件。

2. 所辖物业设施设备的使用完好率达 95％ 以上。

3. 员工上岗培训率 100％。

4. 员工对企业的满意率达 85％ 以上。

5. 导入新思维、新观念，建立健全标准化管理，推动物业现代化管理进程。

（二）服务目标

修订"二级标准"，我们拟将"住户对管理服务工作的满意率达 90％ 以上"作为年度的服务目标（"二级标准"为 65％ 以上）。

（三）经营目标

1. 全年确保＿＿＿万元税前经营收入。其中，物业服务费收入＿＿＿万元，其他经营收入＿＿＿万元。

2. 全年各项开支控制在＿＿＿万元内，其中工资性费用控制在总支出的＿＿＿％，即＿＿＿万元内。

3. 全年实现税前经营利润（毛利）＿＿＿万元。

（四）人员定编

全部人员定编＿＿＿人。其中，客服人员＿＿＿人、物管员＿＿＿人、保安员＿＿＿人、保洁员＿＿＿人。

二、责任人的权利

为确保实现上述责任目标，公司实行项目经理负责制，责任人（经理）的权利如下。

（一）人事管理和薪酬分配权

1. 对经理以下员工的任免权、奖罚权和解聘权。

2. 编制范围内员工的招聘录用决定权。

3. 核定工资总额内的调薪决定权。

（二）财务管理权

物业管理处独立财务核算。财务人员归公司、目标责任人双重领导。受公司委托（授权），目标责任人有物业管理处日常经营管理资金费用支出计划审核权、借款审核权、费用报销审核权。

（三）管理决策权

1. 主持物业管理处的日常管理工作。

2. 组织实施物业管理处的工作目标、工作计划、工作标准、工作程序、管理制度。

3. 主持召开物业管理处的各类工作会议。

4. 组织管理评审。

5. 审核各类经济合同。

（四）申请支持权

1. 依据物业管理处的工作进展情况申请专项经营管理资金和其他资金支持。

2. 申请修改物业管理处的组织架构和人员定编。

3. 申请业务支持。

三、责任人的义务

1. 接受公司的统一领导。

2. 向公司做工作汇报。

3. 确保逐步实现责任目标。

4. 自觉接受公司监控、考评、检查。

5. 每月 28 日前按时上报次月度工作计划报表。

6. 每月 5 日前组织目标评估，质量评审，进度、质量考评。

7. 每季度结束后的次月 5 日前组织员工完成季度绩效考评。

8. 积极配合公司完成其他专项工作。

9. 保证公司各个标准作业规程的贯彻执行。

10. 保证公司操作不违背国家的法律、法规。

11. 保证员工的工作秩序。

12. 保证员工的整体操作技能和工作质量。

四、公司的权利

1. 对物业管理处的运作状况（如工作进度、标准、质量、成本等指标）进行抽查、检查、监督的权利。

2. 有对目标责任人、经理的任免权、解聘权和调配权。

3. 有要求责任人出示、收集、解释各类数据、原始凭据、记录的权利。

4. 有对物业管理处的资金审批权和对其财务运作状况的直接监控权。

5. 有对目标责任人的绩效考评权、奖罚权。

五、公司的义务

1. 及时提供业务支持。

2. 提供信息支持。

3. 提供资金支持。

六、目标考评

1. 公司定期或不定期监控、审计、检查物业管理处资金的运作、成本和其他财务工作。检查标准、办法依据行业法规和公司的财务规定。

2. 公司负责目标责任人的绩效考评。考评标准办法依据本目标管理责任书制定。

七、目标奖罚

1. 公司责任人（物业项目经理）必须依照双方确认的工作计划完成本责任书所列的各项目标。

2. 如果工作目标完成，则物业管理处可按年度工资费用计划制定年终奖金分配方案，对员工发放年终奖金（兑结预支的季度奖金），其中目标责任人可提取物业管理处年奖金总额的____％作为个人奖金。

3. 如果本责任书所列三类目标不能全部完成，则每不能完成其中一项指标，扣减项目责任人25％的目标奖金，直至扣除全部奖金，并承担相应的行政处罚。

4. 若发生不可抗力而致使责任目标无法完成，则本目标责任书失效，遗留问题由董事会与目标责任人共同处理。

八、其他事项

1. 本目标管理责任书一式三份，公司存档两份，目标责任人一份。

2. 未尽事宜，由目标责任人与公司协商解决，补充条款与本责任书具有同等效力。

3. 责任书自签订之日起生效。

4. 责任书解释权在 ×× 物业管理有限公司。

1.4　物业项目经理的工作计划

　　物业项目的整体运作流程应是全面、合理、高效，以及环环相扣、相互制约的，以保证各环节紧密衔接，既无盲点，也无冗余。要做到这一点，物业项目经理就必须对自己所负责的物业项目的工作心中有数，对在某个阶段、某个时间节点具体开展哪些业务有全面的计划。以下为某物业项目经理制订的工作计划，供参考。

【实例】

物业项目经理的工作计划

一、项目前期介入阶段

前期物业管理工作计划

序号	管理工作项目	实施时间	具体实施措施
1	签订物业管理委托合同	中标后即展开	与委托方按投标书的有关内容协商
2	成立物业管理处	入伙前 3 个月办理	公司指派专人负责办理入伙手续
3	组建物业管理处	入伙前 1~2 个月到位	在公司内抽调骨干人员，参与有关培训，公开招聘其余员工，并办理用工手续，保证在正式接管日前全部人员到岗
4	物业管理处员工培训	招聘人员到岗后立即进行	培训内容及要求按培训计划执行
5	参与设备系统的调试	与委托方协商时间	物业管理处工程维修人员参与设备调试；智能化系统维护员、操作员参加智能化系统的调试、培训
6	编制管理制度和业主生活指南等文件	入伙前 1~2 个月进行	按 ISO 9001 质量管理体系标准规范编写制度，业主生活指南、装修管理在入住前 10 日印制完毕
7	参与小区的竣工验收	根据委托方的安排	认真记录验收中存在的问题，并督促整改

（续）

序号	管理工作项目	实施时间	具体实施措施
8	接收公共设备设施和相关资料	根据委托方的安排	按相关文件接收各数据、档案，并做好书面记录、归档存放
9	购置物资装备	入伙前1个月进行	保证采购质量，控制好成本
10	完善管理设施	入伙前1~2个月进行	按分包方控制程序进行
11	熟悉住户情况	员工培训完毕后实施	分区进行
12	协助委托方筹备入住欢迎仪式	入住前1周	协助委托方，邀请政府主管部门等领导参加，策划仪式程序
13	前期准备工作的评估与改进	入住前5天	检查前期工作情况，对不足之处及时整改

二、入住期管理

入住期物业管理工作计划

序号	工作项目	实施时间	具体实施措施
1	举办入住欢迎仪式	委托方确定的入住时间	邀请相关领导、业主代表、新闻单位参加。仪式简单而有纪念意义
2	办理入住手续	入住仪式后	与业主签订业主公约、安全责任书，办理房屋验收、交接钥匙，并请银行、供水、供电、供气、通信等机构前来一并办理相关开通手续。为业主发放"业主服务指南""装修管理""房屋使用说明书""房屋质量保证书"等资料
3	入住期内的装修管理	入住后半年内或业主装修时	严格按装饰、装修有关规定及《物业管理优秀住宅小区》标准对小区平面、楼宇立面进行监管
4	入住期内的安全管理	同上	严格管理出入小区人员，特别是施工人员，做好安全用电、用气管理和消防安全管理
5	入住期工作评估	入住工作完成后	对入住期工作做整体评估，总结经验和不足

三、日常管理阶段

日常物业管理工作计划

序号	管理工作项目	实施时间	具体实施措施
1	小区公共场地、共用设施共用部分的维修、养护、管理	委托管理期内	按 ISO9001 质量管理体系运行，同时参照城市物业管理优秀住宅小区标准运行，并要求达到标书承诺的各项管理目标
2	小区内公共绿地、花木、建筑小品等的养护和管理		
3	公共环境清洁，垃圾的收集和清运		
4	小区内交通与车辆停放管理		
5	小区内的公共秩序及安全管理		
6	小区物业管理各类档案资料管理		
7	社区文化活动		
8	满足业主（用户）需要的社区服务和其他服务		
9	公司每月、半年、年度评估与考核		

 **学习思考**

1. 物业项目经理的岗位职责有哪些？

2. 要胜任物业项目经理这一岗位，需具备哪些素质要求？你是否具备，如果不具备该怎么办？

3. 物业项目经理的工作目标有哪些，请列举一些具体的考核指标。

4. 物业管理处在前期、入住期、日常管理期分别有哪些工作事项？

学习笔记

_____

_____

_____

_____

_____

_____

_____

_____

_____

_____

第二章　物业管理处的筹建

▶ **学习目标**

1. 能说明物业管理用房的法律规定，确保按照规定在物业管理区域配置必要的物业管理用房。

2. 能说明新建物业管理处需要的物业管理用具，并据此制订计划。

3. 能描述物业管理处的职能和内外组织框架，能设计物业管理处的组织架构。

4. 能阐述职位说明书的各项要素，能制定物业管理处岗位职责架构、人员定编，确保入伙前 3 个月人员到位并且开展培训。

5. 能说明物业管理处需要制定哪些制度，并结合总公司的制度和本物业项目的情况制定相关制度。

6. 能制定物业管理处工作流程。

7. 能制订物业管理处入驻后的工作计划。

导读 >>>

物业管理处是物业项目的现场办事机构，物业项目经理是这一机构的直接责任人。物业管理处的筹建工作做得好不好，直接关系到以后的验收接管、入伙装修及常规服务期的工作。

2.1　确保物业管理用房符合法律规定

物业管理用房包括物业管理办公用房、物业管理配套用房和业主委员会办公用房等。门卫房、车库、杂物房、阁楼、设施设备用房不得抵作物业管理用房。建设单位应当按照规定在物业管理区域配置必要的物业管理用房。

有些开发商提供的物业管理用房不符合法律规定，如提供的是不通风、不透气的地下室。物业管理用房的有关法律规定如下：

（1）层高不足 2.2 米或已经列入公共分摊的房屋不计入物业管理用房面积；

（2）物业管理用房必须相对集中，具备自然通风采光条件和进行普通装修。

2.2　配备好物业管理用具

为了保证物业管理处正常开展工作，须配备好各项物资。一般而言，物业管理处须配备行政办公用品，维修工具及清洁工具，治安、交通、消防装备，具体说明如表 2-1 所示。

表 2-1 物业管理常用用具

序号	用具类别	举例说明
1	行政办公用品	办公桌椅、会议桌椅、打印机、复印机、计算机、空调、传真机、保险柜、照相机、电话、档案柜、资料柜、员工服装、各类标志牌、各类办公文具、饮水机、寝具、厨具、雨具、手电筒、茶几、电风扇、衣柜
2	维修工具及清洁工具	室内疏通机、电焊机、冲击钻、砂轮切割机、手电钻、台钳、梯子、万用表、潜水泵、套丝机、测试仪表、吸尘吸水器、高／低压冲水机、清洁及浇花用胶管、机动喷雾器、电工工具、电流表、木工工具、高空作业工具、常用材料备件、吸尘机、手推垃圾清运车、手推式剪草机、绿篱修剪机、清洁工具、绿化工具、铁架床与木床等
3	治安、交通、消防装备	无线对讲系统、消防工具、自行车、云梯、训练器材、警棍、防毒面具、钢盔、消防斧头、专用扳手、消防靴、物品搬运便民服务车

2.3 确定物业管理处的组织架构

2.3.1 物业管理处的职能

物业管理处直接面对业主和物业使用人，处于管理服务的第一线，在管理中起着执行和协调的作用。其主要职能为如下几点。

（1）参与物业验收，办理业主入伙手续，完成装修审查及检查等工作。

（2）对所辖物业实施的日常物业管理，根据有关法律法规和《物业管理条例》《物业服务合同》的规定对房屋建筑、设施设备、消防、保安、清洁、绿化、社区文化等进行一体化管理；组织开展业主（用户）意见调查和分析，对业主（用户）投诉进行处理。

（3）严格执行公司有关管理方针与管理制度。

（4）严格执行公司财务管理制度，与业主（用户）共同创造社区社会效益、经济效益、环境效益。

（5）有权制止违反物业管理法律法规的一切行为。做好日常消防管理工作，杜绝重大火灾隐患或事故的发生。

（6）就有关重大管理问题向公司和有关部门请示汇报。

（7）完成公司下达的工作计划、管理目标、经济指标。

2.3.2 物业管理处的内外组织框架

物业管理处不是一个单一、孤立的组织，它要开展业务运作，关系到以下方方面面。

（1）它要接受业主委员会、物业管理公司的领导。

（2）它要与街道办事处、工商、税务、公安等打交道，还要接受上级主管部门、物业管理行业协会等的领导。

（3）物业管理处主要为业主服务，所以，必须建立客户服务中心，负责与业主沟通、协调各项工作。

（4）物业管理处的另一项重要任务是维护、保养物业设施、设备，做好清洁、绿化工作和安全防护，为业主创造一个舒适的生活与工作环境。

图 2-1 是某物业管理处的组织框架。

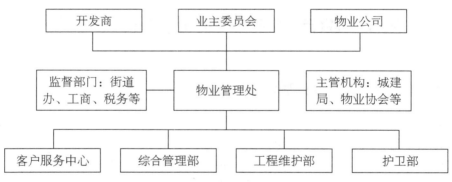

图 2-1　物业管理处的组织框架

2.3.3 物业管理处内部职责分工架构

物业管理处内部职责分工架构如图 2-2 所示。

根据物业小区的实际情况，从节省人力、物力的角度出发，设置相应的职能部门，一人多岗，重在管理。物业管理处实行经理责任制，进行年度责任目标考核。物业管理处下设客户服务部、保安队、工程维修部、环境部和财务室，各部门按照各自分工负责本部门的工作。

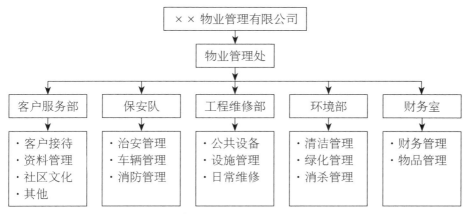

图 2-2 物业管理处内部职责分工架构

2.4 物业管理处工作人员配备

2.4.1 物业管理处岗位职责架构

物业管理处岗位职责架构如图 2-3 所示。

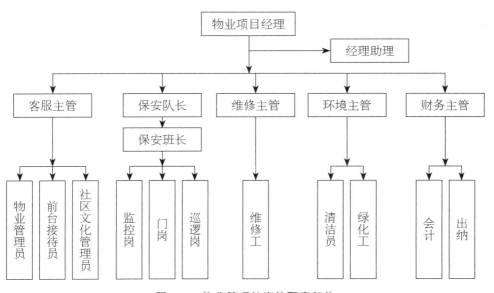

图 2-3 物业管理处岗位职责架构

物业管理处人员定编的步骤是，根据物业项目的整体资源状况和相应的等级管理标准，为确保服务品质，设置最低的人员编制底线。

物业管理处定员定编人数计算公式如下。

$$物业管理处定员定编人数＝（总建筑面积＋绿化面积＋红线内道路面积）÷$$
$$人均管理面积定额（平方米／人）$$

至于物业项目管理具体要聘用的清洁工、绿化工、保安员、维修工的人数，哪个专业人可以多用一些，哪个专业人可以少用一些，需要由物业经理根据小区的具体资源与客观情况来决定。

2.4.2　编写物业管理职位说明书

物业管理处经常会出现这样一些现象。例如，各部门主管总是在抱怨员工的工作责任心不强，办事一点儿也不积极；员工们则抱怨企业分工不明确，职责界限也不清楚，没有工作权限、领导也不支持。这些现象反映的是企业缺少合理的授权和清晰的员工工作职责。要解决这个问题其实很容易，那就是编写物业管理职位说明书，用职位说明书告诉员工该做什么，有哪些权力可行使，哪些工作不是自己的，哪些工作是自己应该做的，避免出现好事大家争、坏事大家推的现象。

物业管理职位说明书的内容通常包括以下几个方面。

（1）职位的基本信息，包括职位名称、所在部门、直接上级、定员、部门编码、职位编码。

（2）职位说明或岗位职责。重点描述从事该职位的工作要完成或达到的工作目标，以及该职位的主要职责权限等。

（3）工作内容。详细描述该职位的具体工作，应全面、详尽地写出完成工作目标要做的每一项工作。

另外，在招聘过程中还有一些具体要求，也会在职位说明书中反映出来，包括以下几个方面。

（1）教育背景，此项为从事该职位应具备的最低学历要求。

（2）工作经历，此项反映从事该职位之前，应具有的工作经验。

（3）专业技能、证书与其他能力。

（4）专门培训，此项反映从事该职位前应接受的基本的专业培训，不包括专业技能与其他能力所列出的内容。

（5）体能要求，对于体力劳动型的工作而言，这项非常重要。

2.4.3　人员要在入伙前三个月到位

通常在入伙前三个月必须成立物业管理处。在入伙前半年确定物业项目经理，并于入伙前三个月到位。在入伙前半年确定部门管理人员及技术员，并于入伙前三个月到位。在入伙前两个月确定保安员、保洁员，并于入伙前一个月到位。

特殊岗位应当按公司要求持证上岗，如技术人员、救生员、食堂人员、监控中心人员、司机等，未取得资质的人员不得在有特殊要求的岗位工作。

2.4.4　新项目启动前要培训员工

在新项目启动之前，物业管理处要针对各岗位的特点，对物业管理处员工（包括正式工、外聘工、临时工）的工作能力进行评估，有针对性地开展岗前培训，主要有以下几个方面。

（1）物业管理处全体员工。主要培训物业公司发展史、质量方针、质量目标、小区基本情况、小区内设备（如供水、供电、排水、消防、运载、弱电等）情况、甲方基本情况、物业管理各综合服务的标准及要求、常用礼仪礼节、常用礼貌用语等。

（2）清洁工。主要培训清洁保养方法、清洁工作标准、清洁工作程序。

（3）保安员。主要培训各岗位工作标准、各岗位工作程序及相关的管理规定、监控及消防系统操作方法等。

（4）绿化工。主要培训绿化养护方法、绿化工作标准、绿化工作程序等。

2.5　物业管理制度的设计

健全的制度是物业管理处进行规范运作的基础。物业项目经理在项目接管期间应高度重视制度健全工作。在制度未出台之前，物业项目经理可采取召开专题会议、形成会议纪要的方法来临时规范各项工作，一旦时机成熟，就应形成制度。具体实施包括表 2-2 所示的几个方面。

表 2-2　管理制度说明

序号	制度类别	内容说明
1	物业管理处各岗位的岗位职责	经理岗位职责、副经理岗位职责、各部门负责人岗位职责和各基层岗位的岗位职责等
2	物业管理处日常管理制度	公文管理、印章管理、计算机管理、会议管理、财务管理、考勤管理、值班管理、收费管理、投诉管理、人力资源管理、维修管理、员工请休假管理、员工宿舍管理等
3	物业管理处清洁工作手册	物业管理处清洁质量监管办法、各岗位清洁工作标准、各岗位清洁工作程序等
4	物业管理处保安工作手册	保安工作管理规定、岗位工作标准、岗位工作程序、保安巡检路线图、人员出入管理规定、人员来访接待管理规定、车辆出入管理规定、物品出入管理规定、保安交接班管理规定等
5	物业管理处设备管理工作手册	物业管理处设备管理规定、设备台账、各设备的操作规程、各设备的保养维修计划、各设备的维修保养运行记录、各设备故障紧急处理措施等
6	物业管理处绿化管理工作手册	物业管理处绿化管理规定、绿化植物台账、各植物的习性及养护方法、各植物的养护计划、各植物的养护记录等
7	物业管理处紧急情况应急处理程序	常用电话号码、火灾应急处理程序、治安应急处理程序、停电应急处理程序、停水应急处理程序、液化石油气泄漏应急处理程序、电梯困人应急处理程序、台风应急处理程序、盗窃应急处理程序及其他应急处理程序等

注：物业项目经理应根据各项服务的外包／内管情况对各项服务的工作手册进行相应调整。

2.6　物业管理处工作流程设计

在工作过程中，过程比结果更重要，因为流程首先是一种行为规范，使企业的日常事务有一定之规。工作流程可以帮助管理者了解实际工作，消除工作过程中多余的工作环节，合并同类工作，提高工作效率。所以，物业项目经理需重视物业管理处工作流程的设计。

2.6.1　物业管理处工作流程

物业管理处工作流程如图 2-4 所示。

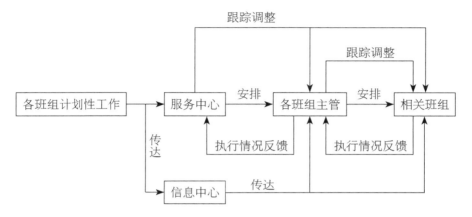

图 2-4　物业管理处工作流程

2.6.2　物业管理处外部运作流程

物业管理处外部运作流程如图 2-5 所示。

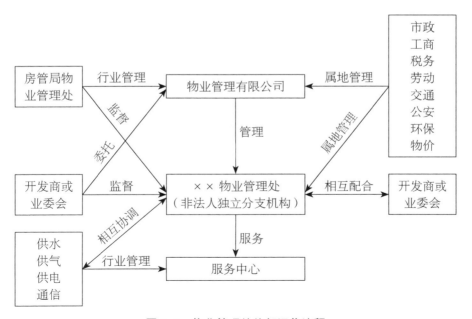

图 2-5　物业管理处外部运作流程

2.6.3　物业管理处内部运作流程

物业管理处内部运作流程如图 2-6 所示。

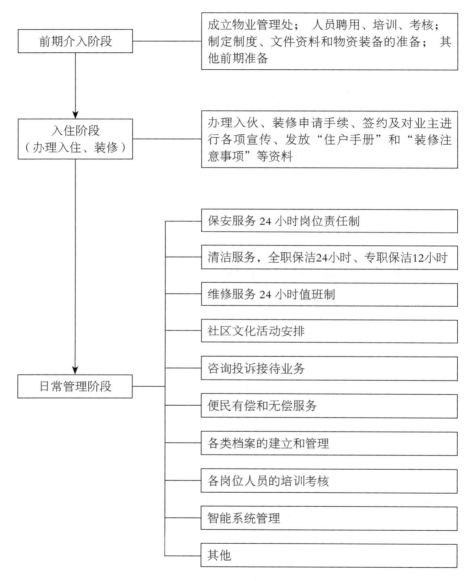

图 2-6　物业管理处内部运作流程

2.6.4 物业管理处日常工作监督检查流程

物业管理处日常工作监督检查流程如图2-7所示。

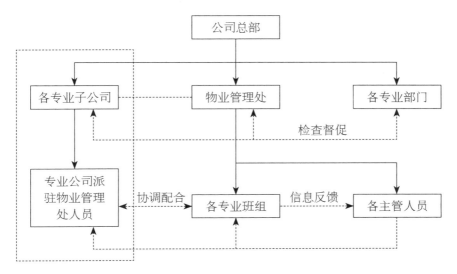

图2-7 物业管理处日常工作监督检查流程

2.6.5 物业管理处客户信息反馈流程

物业管理处客户信息反馈流程如图2-8所示。

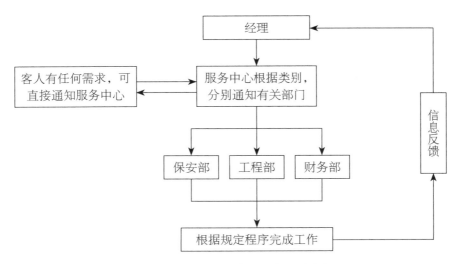

图2-8 物业管理处客户信息反馈流程

2.6.6　硬件采购、配置流程

物业管理处的件采购、配置流程如图 2-9 所示。

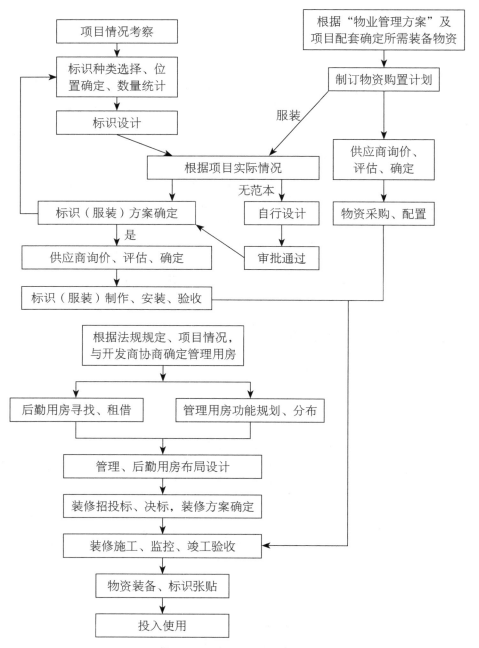

图 2-9　硬件采购、配置流程

2.7　制订物业管理处入驻后的工作计划

物业管理处成立后，就要准备接管验收及业主入伙。要想使各项工作有序进行，物业项目经理一定要制订好工作计划，包括以下方面：

（1）物业管理处进驻后工作计划；

（2）员工招聘计划；

（3）员工入驻后岗前培训计划；

（4）前期介入与接管验收计划；

（5）入伙工作计划等；

（6）项目物业管理处成立至房屋交付使用工作计划。

【实战范本 01】物业管理处全体员工入驻后岗前培训计划

物业管理处全体员工入驻后岗前培训计划

序号	课时	课程	授课人	培训对象	方式
1	2	物业管理处概况、架构及规章制度	物业项目经理	全体员工	课堂讲授
2	2	小区情况介绍及管理目标方向	物业项目经理	全体员工	课堂讲授视听教学
3	3	物业管理方案讲解	服务中心主任	全体员工	课堂讲授
4	3	企业文化和小区文化两项精神文明建设的融合	物业公司培训部经理	全体员工	课堂讲授
5	3	行为礼仪规范、服务理念、职业道德教育	物业公司培训部经理	全体员工	课堂讲授样板示范
6	3	消防安全、应急常识讲解及案例分析	护卫部主任	全体员工	课堂讲授视听教学
7	4	各岗位职责、服务规程、服务标准培训	各部室主任	按部门、工程分散上课	课堂讲授集中研讨
8	4	现场参观考察		全体员工按部门参观	样板示范现场模拟

（续）

序号	课时	课程	授课人	培训对象	方式
9	2	考试	公司人力资源部	全体员工	笔试闭卷
备注		公司人力资源部统一规划、统一安排、统一考核、统一记录，培训时间为入伙前半个月，依据具体安排临时通知			

【实战范本 02】物业管理处进驻后工作计划

物业管理处进驻后工作计划

进驻时间：　　年　月　日（售楼期间提前介入）　　　　　　　入伙时间：　　年　月　日

序号	工作内容	责任部门	完成日期
1	售楼期间介入	物业项目经理	（前期介入）签约后2天内
2	物业管理项目的建议	物业项目经理	入伙前期
3	筹建物业管理处（筹建处）	总经理、副总经理、物业项目经理	入伙前1个月
4	制定入伙方案	物业管理处制定，有关部门审阅管理者代表审定	入伙前20天
5	各项物管文件资料的准备	物业管理处实施，办公室、财务部配合	入伙前18天
6	工程建议整改实施的监察	物业项目经理	签约后实施
7	参与楼宇机电设备调试	电梯公司、物业管理处	工程进入调试阶段
8	物业管理处挂牌运作	物业管理处	入伙前20天
9	楼宇接管验收	物业项目经理、工程部主管	入伙前15天（政府部门验收合格后2天）
10	员工培训	物业管理处、人力资源部	入伙前15天
11	电梯接管验收	物业管理处、电梯公司	劳动局验收合格后半个月
12	机电设备接管验收	物业管理处、机电公司	政府有关部门验收合格后1个月
13	入伙准备工作	物业管理处	入伙前1天
14	入伙工作	物业管理处、人力资源部	入伙后头5天
15	检查指导日常管理工作	公司各部门	每两周一次
16	巡楼检查（月检）	物业管理处	入伙3个月后每月一次

（续）

序号	工作内容	责任部门	完成日期
17	实现管理目标	物业管理处、各部门配合	按合同执行
18	工程资料收集、整理、归档	工程部	入伙后半年内
19	物业管理上岗证培训	人力资源部	入伙后一年内
20	合同执行日程情况追踪	合约管理部	合同有效期内

注：本项目最终工作计划将与甲方营销部商议后根据情况确定。

【实战范本 03】项目物业管理处成立至房屋交付使用工作指引

项目物业管理处成立至房屋交付使用工作指引

序号	时间	工作事项
1	物业管理处成立后 2 周	（1）确定物业管理处组织架构、人员编制，编写各岗位职责和职位说明书，报公司人力资源部、分管领导、总经理审批 （2）编制入伙工作计划，包括与开发商沟通、内部管理、物资采购、标识制作、交付资料准备、组织培训和交付流程演练等 （3）各类人员到岗时间确定，入伙前三个月管理人员及技术员到岗，在入伙前两个月确定护卫员、保洁员
2	物业管理处成立后 1 至 3 个月内	（1）建立物业管理处多种沟通渠道，物业项目经理至少每月与全体员工召开一次碰头会，明确当月物业管理处工作重点及工作思路 （2）物业管理处应当指定专人负责人事行政工作，组织员工活动，提高员工归属感和团队凝聚力
3	物业管理处成立后 1 个月	（1）参与项目现场办公会议，了解项目交付进度，前期介入问题提交，前期介入问题点跟进与落实，包括物业管理处较难解决和处理的工程遗留事项 （2）指派专人办理物业管理处的营业执照、税务登记证、组织代码证、停车场许可证，以及泳池卫生许可证、会所体育设施经营许可证、食堂卫生许可证等证照 （3）组织全体员工对各业务块的体系文件进行培训
4	物业管理处成立后 2 个月	（1）根据人员编制确定保安、保洁、技术等岗位员工宿舍、面积等 （2）编写消防作战、反盗窃、抢劫、绑架，以及停车场突发事件处理、台风暴雨、假日安全管理等安全预案 （3）确定巡更点位置，如配电室、发电机房、电梯机房、水泵房、控制中心、物业管理处、资料室、天台、单元门等楼层

（续）

序号	时间	工作事项
5	物业管理处成立后3个月	（1）与自来水公司、供电部门、城管、派出所、居委会等建立公共关系，并在以后的工作中邀请以上部门到小区指导工作，维护公共关系 （2）特殊岗位应当按公司要求持证上岗，未取得资质的人员不得在有特殊要求的岗位工作，没有相关资质的人员需限期取得
6	交付使用前3个月	（1）模拟验房，收集房屋质量存在的问题，跟进返修，核对水电表 （2）由物业管理处技术员或客服中心人员任组长，组织验房人员参照"物业接管验收标准和要求"验收 （3）验房小组记录现场问题，每天集中交客服返修组，统一安排施工人员处理，由返修组组织返修工作，并安排相关人员复查 （4）物业管理处对全部水电表进行检查和测试，发现有误应当及时向项目或客服中心反馈处理，并保持跟进，保证交付前处理完毕
7	交付使用前1个月	（1）制作CI标识，并于入住前20天安装完成 （2）配置灭火器、消防器材等安全设施 （3）接管、验收设施设备，移交工具、图纸资料、说明书等 （4）与项目部移交业主房屋钥匙，并建立钥匙清单 （5）收集该项目客户集中反映的问题点，制定相应解决措施
8	交付使用前1周	（1）需外包方增加人员，做好清洁人员、质量的监控 （2）需公司内部人员协助的，应当提前做好安排，协调清洁单位、内部人员分工 （3）会同相关人员对已完成开荒的区域进行检查验收，对发现的问题进行及时整改，要求在交付前一天完成全部开荒工作 （4）编制"入住人员岗位安排表"及各岗位工作流程，负责入住工作的人员应有一定的专业技能及沟通能力
9	交付前2天内	（1）安排人员对房屋贴防撞条、安装猫眼、挂礼花等，迎接业主入伙 （2）与销售部确定入伙现场位置及工作人员区域等事宜

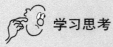 **学习思考**

1. 有关物业管理用房的法律规定是什么?

2. 物业管理处通常需要配备哪些用具?

3. 物业管理处的主要职能是什么? 其对外与哪些机构有联系? 内部又是如何分工合作的?

4. 物业管理处人员数量的配备要求是什么? 新项目启动前需要对员工进行哪些培训?

5. 物业管理处要想管理完善和规范, 需要制定哪些制度与流程?

6. 物业管理处入驻后的工作计划有哪些?

✍ **学习笔记**

_____

_____

_____

_____

_____

_____

_____

_____

_____

_____

_____

_____

第三章　物业项目接管验收

▶ **学习目标**

1. 能区分物业竣工验收和接管验收的定义、各责任主体及其职责。

2. 能完成接管验收的各项准备工作，确保接管工作的顺利进行。

3. 能说明接管验收实施的程序，能组织团队实施接管验收并解决验收过程中出现的各种问题。

4. 能描述入住前设施成品保护的总体要求，能对具体项目实施有效保护。

5. 能说明旧有物业接管验收的内容、交接前的准备工作、新老物业公司的交接程序，能实施新老物业交接并解决交接过程中的各类问题。

导读 ＞＞＞

　　物业的接管验收是关系到今后物业管理工作能否正常开展的重要环节。在完成接管验收后，整体物业连同配套的设备、设施就应该移交给物业公司了。因此，为确保今后物业管理工作能够顺利开展，物业公司必须认真验收，以分清工程缺陷的整改责任，避免业主承担工程风险。

3.1　接管验收及其责任

　　接管验收是物业公司接管开发企业、建设单位或个人委托的房屋时，以物业主体结构安全、满足使用功能和满足管理服务要求为主要内容的接管检验，对新建房屋而言，接管验收是竣工验收的再验收。接管验收与竣工验收不同。

3.1.1　物业竣工验收

　　竣工验收是工程项目竣工后，施工单位向开发商办理交付手续。竣工验收属于政府行为，由政府建设行政主管部门负责组成综合验收小组，对施工质量和设计质量进行全面质量检验与评定。竣工验收后标志着物业可以交付使用。物业公司可以参加工程的竣工验收，但在竣工验收中，物业公司只是验收的参与者，并不是验收的责任主体。

3.1.2　物业接管验收

　　接管验收是指物业公司接管开发商或业主委员会委托管理的新建房屋或原有房屋时，以物业主体结构安全和满足使用功能为主要内容的接管验收。物业公司代表全体业主（包括现有业主和未来业主）从确保物业日后的正常使用与维修的角度出发，同开发商、施工单位一起对物业质量进行的综合评定。对新建房屋而言，接管验收是开发商向物业公司移交物业的过程，是在竣工验收之后进行的再检验。接管验收标志着物业正式进入使用阶段。

接管验收属于企业行为。物业公司在接管验收的过程中不仅是参与者，更是验收的责任主体，接管验收比竣工验收要更全面、更详细、更深入。接管验收的完成，标志着物业正式投入使用，物业公司正式开始履行管理和服务职能。

3.1.3　建设单位与物业公司在接管验收中的责任

3.1.3.1　建设单位的责任

（1）提前做好房屋交验准备。房屋竣工后要及时提出接管验收申请，未经接管验收的新建房屋一律不得分配使用。

（2）在接管验收时，应严格按照接管验收标准进行验收，验收不合格的负责返修。

（3）房屋接管交付使用，如发生重大质量事故，应由接管单位会同建设、设计、施工等单位，共同分析研究，查明原因，如属设计、施工、材料的原因由建设单位负责处理。如属使用不当、管理不善的原因，则由接管单位负责处理。

（4）按规定负责保修，并应向接管单位预付保修保证金和保修费。

（5）新建房屋接管后，应负责在三个月内组织办理承租手续，逾期不办的应承担因房屋空置而产生的经济损失和事故责任。

3.1.3.2　接管单位（物业公司）的责任

（1）对建设单位提出的验收申请应在 15 日内审核完毕，及时签发接管验收文件。

（2）经检验符合要求，应在 7 日内签署验收合格凭证，并及时签发接管验收文件。

（3）接管验收时，应严格按照接管验收条件进行验收，对在验收中发现的问题记录在案，并会同建设单位共同协商处理办法，商定复验时间，督促施工单位限期改正。

（4）房屋接管交付使用后，如发生重大质量事故，应会同建设、设计、施工等单位共同分析研究，查明原因。如属管理不善的原因，应负责处理。

（5）根据协议，可负责代修、保修。

接管验收时如有争议，交接双方应尽可能协商解决。如不能协商解决，则双方申请市、县房地产管理机关进行协调或裁决。

3.2 接管验收的准备工作

3.2.1 审核并确认接管验收

3.2.1.1 审核并确认的工作程序

通常新建房屋竣工后，地产公司会发出"接管验收邀请函"，物业公司在接到这一函件后的 5 ～ 10 个工作日对该物业是否已具备接管验收条件予以审核并记录"新建房屋具备接管验收条件审核单"，确认是否同意接管验收。

如果同意接管验收，则物业公司与地产公司签订"新建房屋交接责任书"，并签发"验收通知"约定时间验收。

【实战范本 01】×× 接管验收通知

×× 接管验收通知

兹因 ×× 工程已经完工，总承建商、工程监理公司均已确认该大厦符合设计图纸要求，达到 GB 及设计标准，满足设计功能，并将于____年__月__日以前全部移交该工程竣工资料及合格的证明文件，现指定_____为该交接工作负责人，请物业管理处于____年__月__日__时在施工现场共同进行验收事宜，专此通知贵司。

注：1. 物业公司所有有关物业管理接管文件均不作为工程合同或任何款项支付依据。

2. 关于接管设施工程遗留问题及意见，请物业公司于接管验收后 5 个工作日内汇总上报我司协调处理。

年 月 日

【实战范本 02】新建房屋交接责任书

新建房屋交接责任书

建设单位：

接管单位：

工程名称：

工程地址：

开工日期：　　　　　　　　　　竣工日期：

竣工验收日期：　　　　　　　　建筑面积：

结构类型：

主旨

为确保房屋住用的安全和正常使用，明确双方在房屋接管验收中和接管后应遵守的事项，承担的义务和责任，特制定本责任书。

一、适用范围

本责任书适用于本公司关于新建住宅房屋的验收交接。

二、接管验收依据

本公司制定接管验收程序、内容及标准以建设部《房屋接管验收标准》（1991 年 7 月 1 日）和物业管理行业一般要求为依据。

三、验收程序

1. 依据新建房屋竣工后建设方提出的接管验收申请，接管验收方于 15 日内对该工程是否已具备接管验收条件予以审核，认为合格即签发"验收通知书"。

2. 于约定的时间开始按"新建房屋验收表"所列项目进行逐项验收。验收合格于 7 日内接管方签署"验收合格证"，如验收有不合格的项目，接管方签发"返修通知书"，对所列返修项目，建设方应于规定的日期内返修完毕交与复验直至合格。

3. 对于已签署"验收合格证"的新建房屋，交接双方应于规定时间内办理交接手续。

四、交接后双方责任

1. 交接双方在接管验收的过程中，应相互支持、密切配合、信守承诺，如果由于一方工作的疏忽、怠慢、不配合，而给另一方带来工作不便或经济损失，应由前者负责。

2. 新建房屋接管交付使用后，无论时间多长，如发生隐蔽性的重大质量事故，应由接管单位会同建设单位组织设计、施工等单位，共同分析研究，查明原因。如属设计、施工、材料等原因，由建设单位负责处理，直至符合有关质量要求；如属使用不当、管理不善的原因，则由接管单位负责处理。

3. 新建房屋自验收接管之日，除因使用不当、管理不善外，工程保修期按有关规定执行，所发生的保修费用均由建设单位承担。

五、争议裁决

本责任书一经双方签字即予生效。

如执行本责任书发生争议，双方不能协商解决的，双方均可申请市、区房地产管理机关进行协调或裁决。

建设单位代表（签字）：　　　　　　　　接管单位代表（签字）：

二〇　　年　月　日　　　　　　　　　二〇　　年　月　日

3.2.1.2　物业接管验收的条件

（1）建设工程全部施工完毕，并经竣工验收合格

全部施工完毕是指工程范围不仅是房屋的主体工程，也包括房屋的附属工程，以及设计规定应与主体工程同步交验的配套项目（不得漏项、甩项）施工完成。住宅小区内分期建设的工程项目，可以分阶段组织验收、交接，但公用项目未竣工不得影响前期接管工程的正常使用。

竣工验收合格是指由建设单位会同施工单位及有关专业主管部门，按照国家建筑施工验收规范及其他专业质量标准进行工程竣工验收，由验收部门对工程项目进行检查、考核、鉴定，取得数据资料、凭证，证明符合标准、工程合格，呈报批准通过。

（2）供电、采暖、给排水、卫生、道路等设备和设施能正常使用

这要求供水、供电、供气等设施正常运转，做到电通、水通、气通、路通（高级住宅还要求电话线路进户、电视信号到位、安全技防联网），并达到以下要求：

①雨水、污水排放畅通；

②废弃物处理落实；

③绿化面积达标；

④房屋配套齐全；

⑤设备功能完备，满足业主生活基本要求。

（3）房屋、户编号须经有关部门确认

这要求建设单位在房屋竣工验收前应同当地公安部门联系，确认幢、户编号，提前申领门牌并安装到位，以免业主入住后无法申报户口，影响粮油供应、入托入学、就业安置、邮电通信，同时避免幢、户编号不清，给产权登记、物业管理、房产交易带来隐患。

对于以下情况，物业管理处有权拒绝承接物业（建设单位认可现状，同意物业管理处代管免责情况除外）：

（1）严重违反国家有关技术规范；

（2）未能通过有关政府职能部门的验收；

（3）工地与交付物业不能有效隔离；

（4）机房不能完全独立封闭；

（5）其他可能危及设备正常运行和入住人身安全的物业。

3.2.2 编写接管验收方案

在接管验收前，物业公司应提前编制接管验收流程。由物业公司各专业人员组建验收小组，明确分工，编制验收方案。在方案中，要确定验收时间、验收标准、验收整改期限等内容，并绘制接管验收流程图，强化工作的计划性及严肃性，使接管验收工作有条不紊地进行。物业公司可以在方案中建议接管验收，最好开发商、施工方和物业公司三方同时在场验收。接管验收方案的内容包括以下方面：

（1）验收时间；

（2）验收项目；

（3）验收范围及内容；

（4）预交接工程接管验收条件；

（5）交接验收组织计划；

（6）交接验收流程；

（7）接管验收期间工作安排。

3.2.3 确定验收标准

作为乙方的物业公司要为开发商提供物业接管验收标准及接收原则，规范开发商的收尾工作，并明确责任，保证物业接管及业主入住的顺利进行。在验收标准的确定上，物业公司既要依据国家标准及现场考察情况编写，又要依据《物业管理委托合同》中的服务标准来编制。通常而言，新建房屋接管验收标准如表3-1所示。

表3-1 新建房屋接管验收标准

序号	部位	验收标准
1	主体结构	（1）地基基础的沉降不得超过建筑地基基础设计规范的规定范围；不得引起上部结构的开裂或相邻房屋的损坏 （2）钢筋混凝土构件产生变形、裂缝，不得超过钢筋混凝土结构设计规范的规定值 （3）木结构应结点牢固，支撑系统可靠、无蚁害，其构件的选材必须符合结构工程施工及验收规范规定 （4）砖石结构必须有足够的强度和刚度，不允许有明显裂缝 （5）凡应抗震设防的房屋，必须符合建筑抗震设计规范的有关规定
2	外墙	不得渗水
3	屋面	（1）各类屋面必须符合屋面工程及验收规范和规定，排水畅通、无积水、不渗漏 （2）平屋面应有隔热保温措施，三层以上房屋在共用部位设置屋面检修孔 （3）阳台和三层以上房屋的屋面应有排水口、出水口、檐沟，落水管应安装牢固、接口严密、不渗漏
4	楼地面	（1）面层与基层必须黏结牢固、不空鼓。整体面层平整，不允许有裂缝、脱皮和起砂等缺陷；块料面层应表面平整，接缝均匀顺直、无缺棱掉角 （2）卫生间、阳台、盥洗间地面及相邻地面的相对标高应符合设计要求，不应有积水，不允许倒泛水和渗漏 （3）木楼地面应平整牢固、接缝密合
5	装修	（1）钢木门窗应安装平正牢固、无翘曲变形、开关灵活、零配件装配齐全、位置准确。钢门窗缝隙严密，木门窗缝隙适度 （2）入户门不得使用胶合板制作，门锁应安装牢固；底层外窗、楼层公共走道窗等，均应装设铁栅栏

（续）

序号	部位	验收标准
5	装修	（3）木装修工程应表面光洁、线条顺直、对缝严密、不露钉帽。门窗玻璃应安装平正、油灰饱满、粘贴牢固 （4）抹灰应表面平整，不应有空鼓、裂缝和起泡等缺陷 （5）饰面砖应表面洁净、粘贴牢固、阴阳角与线角顺直、无缺棱掉角 （6）油漆、刷浆应色泽一致，表面不应有脱皮、漏刷现象
6	电气	（1）电气线路安装应平整、牢固、顺直，过墙应有导管。导线连接必须紧密，铅导线连接不得采用铰接或绑接。采用管子配线时，连接点必须紧密、可靠，使管路在结构上和电气上均连成整体并有可靠的接地 （2）应按套安装电表或预留表位，并有电器接地装置 （3）照明器具等低压电器安装支架必须牢固、部件齐全、接触良好、位置正确 （4）各种避雷装置的所有连接点必须牢固可靠，接地阻值必须符合电气装置工程施工及验收规范的要求 （5）电梯应能准确地启动运行、选层、平层、停层，曳引机的噪声和震动声不得超过电器装置安装工程及验收规范的规定值。制动器、限速器及其他安全设备应动作灵敏可靠。安装的隐蔽工程、试运转记录、性能检测记录及完整的图纸资料均应符合要求 （6）对电视信号有屏蔽影响的住宅，电视信号弱或被高层建筑遮挡及反射波复杂的地区的住宅，应设置电视共用天线 （7）除上述要求外，应符合地区性"低压电气装置规程"的有关要求
7	水卫消防	（1）管道应安装牢固，控制部件启闭灵活、无滴漏。水压试验及保温、防腐措施必须符合采暖与卫生工程施工及验收规范的要求，应按套安装水表或预留表位 （2）高位水箱进水管与水箱检验口的设置应便于检修 （3）卫生间、厨房内的排污管应分设，出户管长不宜超过8厘米，且不应使用陶瓷管、塑料管。地漏、排污管接口、检查口不得渗漏，管道排水必须流畅 （4）卫生器具质量良好，接口不得渗漏，安装应平正、牢固，部件齐全，制动灵活 （5）水泵安装应平稳，运行时无较大震动 （6）消防设施必须符合"建筑设计防火规范""高层民用建筑设计防火规范"要求，并且有消防部门检验合格证

（续）

序号	部位	验收标准
8	采暖	（1）采暖工程的验收时间，必须在采暖期前两个月进行 （2）锅炉、箱罐等压力容器应安装平正、配件齐全，不得有变形、裂纹、磨损、腐蚀等缺陷。安装完毕后，必须有专业部门的检验合格证 （3）炉排必须进行12小时以上试运转，炉排之间、炉排与壁毯之间不得互相摩擦，且无杂音、不跑偏、不凸起、不受卡、运转自如 （4）各种仪器、仪表应齐全精确，安全装置必须灵敏、可靠，控制阀门应开关灵活 （5）炉门、灰门、煤斗闸板、烟挡板、风挡板安装平正、启闭灵活、闭合严密，风室隔墙不得透风漏气 （6）管道的管径、坡度及检查井必须符合"采暖与卫生工程及验收规范"的要求；管沟大小及排列应便于维修；管架、支架、吊架应牢固 （7）设备、管道不应有跑、冒、滴、漏现象；保温、防腐措施必须符合"采暖与卫生工程施工及验收规范"的规定 （8）锅炉辅机应运转正常、无杂音；消烟除尘、消音减震设备应齐全；水质、烟尘排放浓度应符合环保要求 （9）经过48小时连续试运行，锅炉和附属设备的热工、机械性能及采暖区室温必须符合设计要求
9	附属工程及其他	（1）室外排水系统的标高、窨井（检查井）设置、管道坡度、管径均须符合"室外排水设计规范"的要求。管道应顺直且排水通畅，井盖应搁置稳妥并设置井圈 （2）化粪池应按排污量合理设置、进出水口高差不得小于五厘米。立管与粪池间的连接管道应有足够坡度，并不应超过两个弯 （3）明沟、散水、落水沟内不得有断裂、积水现象 （4）房屋入口处必须设置室外道路，并与主干道相通。路面不应有积水、空鼓和断裂现象 （5）房屋应按单元设置信报箱，其规格、位置符合有关规定 （6）挂物钩、晒衣架应安装牢固。烟道、通风道、垃圾道应畅通，无阻塞物 （7）单项工程必须做到工完、料净、场地清，临时设施及过渡用房拆除清理完毕。室外地面平整，室内外高差符合设计要求 （8）群体建筑应检验相应的市政、公建配套工程和服务设施，达到应有的质量和使用功能要求

（续）

序号	部位	验收标准
10	质量与使用功能的检验	（1）以危险房屋鉴定标准和国家有关规定作为检验依据 （2）从外观检查建筑整体的变异状态 （3）检查房屋结构、装修和设备的完好与损坏程度 （4）检查房屋使用情况（包括建筑年代、用途变迁、拆改添建、装修和设备情况）。评估房屋现有价值、建立资料档案
11	危险和损坏问题的处理	（1）危险房屋应由移交人负责排险解危后，方能接管 （2）损坏房屋由移交人和接管单位协商解决。既可约定期限由移交人负责，也可采取其他补偿形式 （3）属法院判决没收并通知接管的房屋，按法院判决处理

3.2.4 对验收人员进行培训

物业公司要组织所有参加接管验收的人员接受相关培训，确保每位验收人员了解物业项目，及其验收标准、验收程序、要求和问题的处理方法。

　　根据统一安排，所有参与接管验收工作的各专业人员，包括土建、电气、电梯、暖通、空调、给排水、市政、园林绿化、保洁、保安等相关人员提前进入现场，了解房屋及设备情况，包括审读图纸及其他相关书面资料，洽商，掌握施工情况、设备安装调试情况；对物业项目内的各项设备、系统进行调试。

3.2.5 准备好相应的验收表格

物业公司经常会遇到招标文件不详、图纸资料不全、现场部分设备设施满足不了管理委托合同中服务标准的要求等问题。对于这种情况，物业公司应该首先准备好接管验收表格，主要包括以下表单：

（1）房屋接管资料移交清单；

（2）房屋接管物业移交清单；

（3）房屋接管验收表；

（4）公共配套设施接管验收表；

（5）机电设备接管验收表；

（6）房屋接管验收遗留问题统计表；

（7）工程质量问题处理通知单；

（8）房屋主体承接查验记录；

（9）公共配套设施承接查验记录；

（10）各系统（供配电系统、给排水系统、暖通系统、消防系统、楼控系统、综合布线系统、监控系统、电梯、门禁系统、通信及安防系统）承接查验记录。

3.2.6　验收工具与物资要准备充分

物业公司在开展实地验收的时候，要采取一些必要的检验方法来查验承接物业的质量情况。物业公司应根据具体情况提前准备好检验设备、工具和物资等，具体如表 3-2 所示。

表 3-2　检验设备、工具和物资清单

序号	物料（工具）名称	配备数量	用途
1	对讲机		组员联络用
2	两极插头		试验户内电源插座
3	三极插头		试验户内电源插座
4	胶管		每根 20 米，引水试验地漏
5	水桶		提水试验地漏
6	打压机		水系统打压试验
7	查验记录表		查验记录
8	线号笔		校验用户电表
9	圆珠笔		查验记录
10	可写胶布		贴钥匙房号
11	单强夹		便携记录表
12	A4 复写纸		复写记录
13	工具		现场使用
14	工具包		便于物品携带
15	安全帽		安全防护

（续）

序号	物料（工具）名称	配备数量	用途
16	小锤		检查空鼓
17	彩色粉笔		白、红、绿色，标注质量缺陷位置
18	记录本		记录
19	标签纸		贴电表开关
20	灯头		试电
21	电笔		查验水表及电表
22	小手电筒		查验水表及电表
23	验电器		试验户内电源插座
24	15A 转 10A 转换插头		试验空调插座
25	胶袋及细沙		卫生间闭水试验用
26	钢筋（1.2 米长）		检查地面及天花空鼓

3.2.7 验收前应召开接管、验收会议

在正式实施验收前，物业公司要与建设单位、监理公司联系，提前 15 日确定验收工作的参与人员和工作安排，以确保顺利验收。最好召开一次接管验收会议，依法确定接管、验收事项，明确接管、验收标准，确定不合格项的整改完成时限。

3.3 新物业接管、验收实施

3.3.1 工程资料的接管

对于原有已入伙的物业，原物业公司及业主委员会应在新物业公司验收楼宇的同时，向新物业公司移交楼宇资料；对于新建物业，开发商在楼宇资料报交市建筑档案馆的同时，应移交一份给物业公司存档。

3.3.1.1 工程资料

工程资料包括的内容，如表 3-3 所示。

表 3-3　工程资料类别及说明

序号	类别	资料清单
1	产权资料 （复印件）	（1）开发公司营业执照 （2）土地使用权出让合同书 （3）建设工程规划许可证 （4）建设工程施工许可证 （5）建设单位营业执照 （6）电梯安装公司营业执照 （7）电梯安装公司资质证书
2	市府验收 合格资料 （复印件）	（1）建设工程竣工验收备案证明 （2）用电许可证 （3）供用电协议书 （4）用水审批表、水费收缴合同书 （5）公安消防建筑工程消防验收意见书 （6）建设工程质量监督登记书 （7）电梯安全检验合格证书 （8）防雷设施合格证 （9）燃气工程验收备案证书 （10）直饮水检验报告 （11）白蚁防治工程竣工验收证明 （12）国家固定灭火系统和耐火构件质量监督检验中心检验报告 （13）电缆检测报告 （14）智能化验收系统合格证 （15）停车场管理系统检测报告 （16）摄像机检测报告 （17）有线电视系统终端盒检测报告
3	工程技术 资料	建筑、结构、电气（强弱电）、给排水（包括消防）、中央空调、直饮水、燃气等工程的全套竣工图纸 各类公共设备使用说明书、调试报告、维护保养手册等（包括变压器、高压开关柜、低压配电柜、发电机、电梯、生活水泵、生活水泵变频控制柜、消防供水系统、直饮水泵、直饮水泵变频控制柜、道闸系统、监控系统、背景音乐系统、消防报警系统、中央空调系统等） （1）地质勘察报告 （2）工程合同及开、竣工报告

（续）

序号	类别	资料清单
3	工程技术资料	（3）工程预决算分项清单 （4）图纸会审记录 （5）工程设计变更通知及技术核定单（包括质量事故处理记录） （6）隐蔽工程验收记录 （7）沉降观察记录及其沉降观察点布置图 （8）钢材、水泥等主要材料的质量保证书 （9）新材料、构配件的鉴定合格证书 （10）砂浆、混凝土试块试压报告 （11）供水、供暖管道的试压报告 （12）机电设备订购合同、单台设备的说明书、试验记录及系统调试记录 注：电梯相关资料包括以下部分 ①劳动局电梯安全使用许可证（每梯一本） ②劳动局电梯安全技术检验报告书（每梯一本） ③质量技术监督局安全检验合格证（每梯一份） ④劳动局起重机械登记卡片（每梯一份） ⑤电梯安装工程施工技术资料（每梯一本） ⑥质检报告（每梯一份） ⑦电梯随机文件（至少包括电梯相关图纸、电器元件代号说明书、安装调试说明书、使用维护说明书、装箱单等） ⑧产品合格证（含限速器合格证、曳引机合格证） ⑨试验报告书（每梯一份）

3.3.1.2　物业资料接管程序

（1）各项资料的验收交接由工程部安排专人负责，通常由开发商、物业公司、施工单位三方联合组成小组。

（2）各项资料"验收记录单"上应有三方人员的签名，"验收记录单"通常一式三联，三方各执一联，三方签收交接完毕后要分别签字。

（3）所有资料移交到物业公司后要派专人对资料进行分类整理、保存、归档，确保接收资料完整、有序，便于以后的日常管理。

3.3.2　对房屋实体进行验收

房屋实体验收其实就是对物业共用部位、共用设施设备进行查验。物业公司必须做好这项工作，因为物业公司日常工作的重点就在于对共有设施设备的维护。如果共有设施设备本身存在缺陷或因为其他原因不能正常投入使用，一方面会导致物业公司无法正常开展管理工作，无法正常地为业主提供服务；另一方面，共用设施设备的缺陷必将导致物业公司轻则增加管理成本，重则引发管理责任事故，甚至是难以弥补的安全责任事故。

3.3.2.1　实体验收的内容与要求

实体验收的内容与要求如表 3-4 所示。

表 3-4　实体验收的内容与要求

大类	验收项目	验收要求
房屋及分户设施	（1）房屋墙、地、门、窗的装修情况 （2）有线电视、电话、智能化系统情况 （3）水、电、气设施，五金器具及其他设施（按设计及房屋销售合同的规定） （4）其他（按房屋使用功能划分，各功能房屋具有各不相同的功能设施）	（1）房屋主体和分户（层）设施符合设计要求并具备使用条件 （2）设施项目、数量符合售楼合同、规划建设的规定 （3）房屋主体和分户设施的质量与使用功能必须符合"房屋接管验收标准"的有关规定 （4）同开发商和保修单位签订有关保修协议，明确保修期限和保修项目
公共设备设施	（1）给排水系统 （2）电气系统 （3）燃气系统 （4）空调系统 （5）消防系统 （6）通信系统 （7）智能化系统 （8）电梯系统 （9）园林绿化系统 （10）公共配套设施及公共照明系统 （11）管理配套系统（含管理房、停车场、车棚、垃圾房等） （12）其他系统	（1）各项工程通过竣工验收，物业满足入住使用条件 （2）公用设施完善，符合小区的规划记载 （3）物业主体及各系统的质量和使用功能应符合"房屋接管验收标准"的相关规定

3.3.2.2　注意事项

物业公司在进行房屋的实体验收时必须要做到以下四点。

（1）掌握物业共用部位和共用设施设备的数量、状态和性能

对物业共用部位、共用设施设备进行查验，主要是摸清情况，掌握和了解其数量、状态和性能，便于物业公司根据实际情况，采取适当的方式进行维护。这在前期物业服务阶段尤为重要，因为前期物业管理是在物业管理区域实施物业管理的开端，通过认真的查验，对于物业共用部位、共用设施设备情况的全面掌握，可以及时发现缺陷和隐患，敦促建设单位及时维修、补救，为后续物业管理打下良好基础。

（2）记录好问题，交接双方要确认

对物业共用部位、共用设施设备存在的问题要进行记录，由开发建设单位和物业公司进行确认并分清责任。

在实践中，有一些属于建设单位子公司的物业公司或急于承揽业务的物业公司对物业共用部位、共用设施设备不进行认真细致的查验，或者只是流于形式地进行查验。一旦出现质量问题，一些业主认为是物业公司维护不力，而物业公司却认为是建设单位移交的物业存在质量缺陷，与建设单位互相推诿责任，不少物业公司不得不承担本应由建设单位负责的物业维修责任。

因此，在前期物业管理阶段，物业公司一定要认真做好与建设单位的交接查验工作，对于发现的质量问题要明确责任，由物业建设单位进行整改和完善。

（3）不合格问题要及时处置

对在接管验收中出现的被判定为不合格的问题，物业公司应向建设单位出具书面的"质量问题整改通知单"，要求建设单位在限定时间内对不合格问题进行整改。对在规定时间完成整改有困难的，建设单位须以书面形式做出解释，并做出完成整改时限的书面承诺。完成整改后，物业公司应对整改问题进行复检。复检合格后经双方签字确认后，完成整改复检工作程序。

　　在实际工作中，由于接管验收具有时限约定，所以在处理不合格问题时，物业公司在征得移交方的同意，并在下达"不合格整改通知"后，可以先对不合格项进行接收，再由物业公司监督建设单位在规定时限内完成整改工作。

（4）验收合格要签署"验收通过证明"

验收合格后，物业公司应在五个工作日内签署"验收通过证明"。

3.3.3　处理接管、验收的遗留问题

3.3.3.1　资料验收遗留问题

对资料验收中发现的资料不全、不真实、不合格等问题，接管、验收小组应将其逐项记录在"接管、验收资料遗留问题登记表"中并交开发商对接负责人签字确认；对物业硬件设施接管、验收中发现的不合格问题，接管、验收小组应当将问题逐项记录在"接管、验收设备设施问题登记表"中并交开发商对接负责人签字确认。

接管、验收小组应当积极同开发商联系，让开发商补齐资料，必要时公司领导应当协助开展工作。

3.3.3.2　关于物业硬件设备和设施遗留问题

接管、验收小组应当要求开发商在两周内解决遗留问题；对于重大问题，接管、验收小组应当要求开发商在一个月内解决，必要时公司领导应当协助开展工作。

3.3.3.3　关于长期解决不了并势必会影响物业管理的问题

物业公司应当以备忘录的形式将问题登记后交给开发商进行备忘。

3.3.4　明确交接验收后的物业保修责任

物业保修责任是指建设单位对物业竣工验收后，在保修期内出现不符合工程建筑强制性标准和合同约定的质量缺陷，承担保证修复的责任。物业公司应同建设单位、保修单位签订三方保修协议，明确保修期限和保修内容。

3.3.4.1　保修的范围

各种建筑物、构筑物和设备安装工程的保修范围如下。

（1）屋面漏雨。

（2）烟道、排气孔道、风道不通。

（3）室内地坪空鼓、开裂、起砂、面砖松动，有防水要求的地面漏水。

（4）内外墙及顶棚抹灰、面砖、墙线、油漆等饰面脱落，墙面浆起碱脱皮。

（5）门窗开关不灵或缝隙超过规定。

（6）厕所、厨房、盥洗室地面泛水、倒坡积水。

（7）外墙漏水、阳台积水。

（8）水塔、水池、有防水要求的地下室漏水。

（9）室内上下水、供热系统管道漏水、漏气，暖气不热，电器、电线漏电，照明灯具坠落。

（10）室外上下管道漏水、堵塞，小区道路沉陷。

（11）钢、钢筋混凝土、砖石砌体及其他承重结构变形，裂缝超过国家规定和设计要求。

3.3.4.2　保修期限

保修期限自移交手续办理完之日起计算，根据《建筑工程保修办法（试行）》的相关规定，各类工程的保修期分别如下：

（1）民用与公共建筑、一般工业建筑、构筑物的土建工程为 1 年；

（2）建筑物的照明电气、上下水管线安装工程为 6 个月；

（3）建筑物的供热、供冷系统为一个采暖、供冷期；

（4）室外的上下水和小区道路为 1 年；

（5）工业建筑的设备、电气、仪表、工艺管线和有特殊要求的工程，其保修内容和期限由使用单位与施工单位在合同中规定。

3.3.5　办理交接手续

对于已签署"验收通过证明"的新建房屋，交接双方应于规定时间内办理交接手续，并及时签发"接管通知单"。物业接管小组应制作"房屋及公用设施竣工和接管验收交接表"和"物业整体移交验收表"，即正式接管。"物业整体移交验收表"应一式三份，由施工单位、建设单位和物业公司三方签章后各执一份。

3.4　接管、验收后的工作

3.4.1　验收后入住前的设施成品保护

在物业接管验收后、业主入住前，物业公司要对设施设备进行有针对性的保护。

3.4.1.1 保护总要求

（1）建立巡查制度，对已经验收的区域、机房和单元要做好巡查记录。

（2）建立应急预案（包括火警、停电、管道爆裂等），及时处理突发事故。

（3）对已经接收的区域机房和单元要尽可能封闭，钥匙有专人保管。

（4）建立专门的清洁制度，专人负责已接收区域的清洁工作，发现问题及时报告。

（5）严禁在已经验收区域和机房内吸烟。

（6）严禁擅自动用已经验收的卫生洁具（特许使用的除外）。

（7）不得在验收后的区域内用餐。

（8）准备必要的运输工具（如四周有橡胶保护的塑胶轮小车、塑料搬运箱等）及保护用品（如阻水沙袋、旧地毯、塑料保护膜、垃圾袋、鞋套等）。

（9）建立消防安全制度，遇有动火整改维修必须办理相关手续，并按要求规范配置灭火器具。

3.4.1.2 具体项目的保护要点

不同项目的保护重点和要点也不一样，如表 3-5 所示。

表 3-5　具体项目的保护要点

序号	项目	保护要点
1	石料地坪	（1）在清洁结束后的石料地坪表面打上封底蜡及多层致密的保护蜡 （2）禁止在地坪上拖曳杂物，防止表面受损 （3）保持表面清洁以减少磨损 （4）在必经的通道上铺上木板加强保护
2	木地板	（1）进入木地板区域建议穿上鞋套 （2）保持木地板区域的良好通风且避免阳光直射 （3）遇有整改维修工作时不得将工具随意放置在木地板上 （4）严防水管破裂和下水道堵塞导致木地板浸水
3	墙面、墙角及天花板	（1）搬运大件物品时必须有专人看护行进路线 （2）开启检修孔时操作人员必须戴上清洁手套 （3）在经常搬运物品进出的墙角用木板做直角保护 （4）在墙边进行整改维修时，必须在墙上贴保护胶纸

（续）

序号	项目	保护要点
4	地毯	（1）进入地毯区域必须穿鞋套 （2）在地毯区域内有整改维修时，必须铺设保护胶纸 （3）发现有抽丝、起壳、起皱现象时，必须及时修补
5	管道	（1）所有装修必须按照要求进行，不得擅自更改管线走向 （2）所有打洞敲钉类安装必须确保不能损坏暗埋的管线 （3）不得损坏管道的保温层 （4）做好地漏的巡查保护，防止堵塞 （5）消防水喉必须有专人管理巡查，严禁挪作他用
6	电梯	（1）不得随意撕去轿厢内饰的保护贴膜 （2）在桥厢内壁设置保护板 （3）禁止装运散装的建筑材料及湿货 （4）准备阻水沙袋，严防电梯井道进水

3.4.2　落实保修事宜

交接验收后的物业应落实保修事宜，物业公司与建设单位应按照建设部《建筑工程保修办法（试行）》的规定签订保修实施合同，明确保修项目的内容、进度、期限、方式等。

为了保证保修及时，交接双方可以根据具体情况协商采取下列方法。

（1）建设单位委托物业公司负责包干保修，由建设单位一次性拨付保修费用，由物业公司包干使用，双方依据物业质量商定费用标准。

（2）由建设单位一次性向物业公司预付保修金，由物业公司用于应急代修。保修期满后，按实结算。保修金金额一般不低于当地直管公房每平方米建筑面积的年均维修费用。

（3）由建设单位组建一支维修小分队，在保修期内留驻在住宅小区，承担各项保修任务。

在实际工作中需要特别注意的是，有的开发建设单位认为已经与物业公司进行了物业承接验收而拒绝承担维修责任，这混淆了开发建设单位在与施工单位、物业公司、房屋买受人之间的不同法律关系中应承担的义务。物业承接验收只能约束签订物业服务合同的双方，即开发建设单位和物业公司，而不能对抗第三人。如果业主发现房屋存在质量问题，仍然有权依据房屋买卖合同追究开发建设单位的相关责任。

物业公司只对接管后的物业所产生的问题负责，如在保质期内，非人为因素引发的问题仍由开发商或施工方负责。如果由于开发商在施工验收合格后没有及时移交物业公司接管，使物业公司接管后的设备保质期缩短，物业公司应向开发商提出，要争取补回原来的保质期。

3.5 旧有物业的接管

3.5.1 旧有物业接管、验收的内容

旧有物业项目的接管通常是物业公司从业主委员会或原物业公司手中接管，所接管验收的内容会有所不同。

3.5.1.1 物业资料

（1）物业产权资料、综合竣工验收资料、施工设计资料、机电设备资料等。

（2）业主资料包括：

①业主入住资料，包括"入住通知书""入住登记表"、身份证复印件等；

②房屋装修资料，包括"装修申请表""装修验收表"、装修图纸、消防审批、验收报告、违章记录；

③管理资料，即值班记录、设备维修记录、水质化验报告等各类服务质量的原始记录；

④财务资料，包括"资产清单""收支账目表""债权债务移交清单""水电抄表记录"及其他需移交的各类凭证表格清单；

⑤合同协议书，包括对内对外签订的合同、协议原件；

⑥人事档案资料，包括双方统一移交留用的在职人员的人事、培训、考试记录；

⑦其他要移交的资料。

移交资料时，应按资料分类列出目录，根据目录名称、数量逐一清点是否相符及完好，移交后双方在"目录清单"上盖章签名。

3.5.1.2　物业共用部位、公共设施设备管理工作的交接

（1）物业共用部位、共用设施设备，包括消防、电梯、空调、给排水、供配电等机电设备及附属配件，共用部位的门窗，各类设备房、管道井、公共门窗的钥匙等。

（2）共用配套设施，包括环境卫生设施（如垃圾桶、箱、车等）、绿化设备、公共秩序与消防安全的管理设施（如值班室、岗亭、监控设施、车辆道闸、消防配件等）、文娱活动设施（如会所、游泳池、各类球场等）。

（3）物业管理用房，包括办公用房、活动室、员工宿舍、食堂（包括设施）、仓库。停车场、会所等需要经营许可证和资质的，移交单位应协助办理变更手续。

3.5.1.3　人、财、物的移交或交接

人、财、物的移交或交接内容如图 3-1 所示。

人员	在进行物业管理移交时，有可能会发生原物业管理机构在本项目任职人员的移交或交接，承接物业的管理企业应与移交方进行友好协商，双方达成共识
财务	移交双方应做好账务清结、资产盘点等相关移交准备工作。移交的主要内容包括物业服务费、维修资金、业主各类押金、停车费、欠收款项、代收代缴的水电费、应付款项、债务等
物资财产	包括建设单位提供和用物业服务费购置的物资财产等，主要有办公设备、交通工具、通信器材、维修设备工具、备品备件、卫生及绿化养护工具、物业管理软件、财务软件等

图 3-1　人、财、物的移交或交接内容

3.5.2　交接前的准备工作

3.5.2.1　物业费、停车费等费用

前任物业公司向业主收取的物业费、供暖费、停车费及水、电费等其他费用，

要确认有无多收取的费用。如有，新物业公司在进驻前需与业委会或开发商沟通，索要逾收的各项费用，或者对此解决方案有三方签字认可的书面约定。

3.5.2.2 各类能源费

前任物业公司有无拖欠自来水公司、电力公司及燃气公司等各项费用。如有，敦促其交接前缴清。

3.5.2.3 各类遗留问题

（1）车辆剐蹭事件。了解前任物业公司有无承诺给业主一定形式的解决承诺，避免接手之后发现业主费用已交，但承诺的问题尚未解决。

（2）业主家中出现特殊问题，前任物业公司给业主承诺但并未兑现的，应由前任物业公司进行解决，如个别业主减免物业费等情况。

（3）工程遗留问题。要掌握小区或业主家中的工程遗留问题的类别、开发及施工方的维修情况、目前遗留问题的处理情况等。

3.5.2.4 其他准备工作

（1）物业用房的确定。

（2）各工作岗位人员是否到位的情况。

（3）办公用品、员工工服等各类物资的准备情况。

（4）工程、保洁工具的到位情况。

（5）正常办公所需的各类表格等文件。

（6）垃圾清运、电梯维保等外包服务的考虑，保障交接当日的物业服务正常的开展。

（7）其他准备工作。

3.5.3 新老物业公司交接程序

新老物业公司交接程序如图 3-2 所示。

开发商、业主大会和原物业公司要做好承接验收前的准备工作，并及时书面通知新物业公司进行承接验收

新物业公司应当在接到通知后 15 个工作日内做出书面回复，并与开发商或业主大会约定承接验收时间

图 3-2　新老物业公司交接程序

在约定时间内，开发商、业主大会或原物业公司先做资料交接：将物业的产权资料、工程竣工验收资料、工程技术资料、工程经济资料和其他有关资料移交给新物业公司。资料移交完毕后，交接双方签字认可；若有未移交部分，由双方列出未移交部分的清单，确定移交时间并签字认可

资料交接完毕后是现场交接：新物业公司应对物业管理区域内的共用设施设备进行逐项验收，注明设备现状及接管时间

图 3-2 新老物业公司交接程序（续图）

　　开发商或业主委员会应对查验接管过程进行记录，并存档备查。交接证明应由交接双方、相关单位盖章及现场参加人员签字。开发商、业主大会授权的业主委员会及原物业公司应当配合新物业公司依法接管保安、消防、停车等安全防范岗位，维护物业管理区域的正常秩序。

3.5.4 新老物业交接应该特别注意的事项

（1）明确交接主体和顺序。物业管理工作移交是原物业管理机构将物业管理工作移交给该物业的业主大会或物业产权单位之后，再由业主大会或物业产权单位将物业管理工作移交给准备接管的物业公司，而不是原物业管理机构向准备接管的物业公司直接移交。虽然在移交工作中可合并进行，但要分清楚移交的主体及责任。

（2）各项费用和资产的移交、共用配套设施和机电设备的接管、承接时的物业管理运作衔接是物业管理工作移交中的重点和难点，承接单位应尽量分析全面、考虑周全，以利交接和今后工作的开展。

（3）如承接的部分物业项目还在保修期内，承接单位应与建设单位、移交单位共同签订移交协议，明确具体的保修项目、负责保修的单位及联络方式、遗留问题的处理情况，并在必要时提供原施工或采购合同中关于保修的相关条款。

（4）在物业管理移交工作中，对物业共用部位、共用设施设备存在的问题不易全部发现，难免存在遗漏，因此在签订移交协议或办理相关手续时应注意做出相关安排，便于在后续工作中能妥善解决发现的问题。

（5）在查验过程中一旦发现有设备、资料等不合格的情况，应尽快处理。物业项目经查验不合格的，开发商应进行返修并商定时间复验。经查验合格的，新物业公司应当在五个工作日内签署"查验合格凭证"，并及时签发承接文件。新老物业公司交替时发现不合格的情况待定。交接双方应当制作"物业查验记录"。"物业查验记录"一般包括"房屋质量查验记录""设施设备查验记录"和"环境工程查验记录"，双方可以根据物业的具体情况设计"查验记录表"。"查验记录表"应当包括查验项目名称、查验时间、查验内容、查验人签字、查验结论、存在问题、返修意见、跟踪结果等。业主有权要求调阅查验记录。

原物业公司应在查验接管工作完成后 10 个工作日内全部撤出物业管理区域。开发商、业主或原物业公司不移交有关资料的，由区县房地产行政主管部门责令限期改正；逾期仍不移交有关资料的，对开发商、原物业公司予以通报，并处以相应罚款。

物业服务合同终止时，原物业公司拒不移交物业管理用房和有关资料的，新选聘的物业公司应与业主委员会协商或通过司法途径解决，不得非法强行进驻物业管理区域。

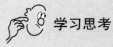 学习思考

1. 建设单位与物业公司在接管、验收中的责任分别是什么？

2. 如何确定新建物业可以接管、验收了？

3. 接管、验收方案的内容包括什么？

4. 接管、验收前应该准备哪些表格？

5. 接管、验收的程序是什么，其中可能会发生哪些问题，该如何应对？

6. 接管、验收后有哪些工作要做，具体要求和方法是什么？

7. 旧有物业的接管、验收内容是什么，其交接程序涉及新老物业公司，具体应该如何进行，其中可能会产生哪些问题，其解决方案是怎样的？

✍ 学习笔记

_____

_____

_____

_____

_____

_____

_____

_____

_____

_____

_____

第四章 新建物业入伙服务

▶ **学习目标**

  1. 能说明入伙准备的工作事项，能完成资料准备、制订入住工作计划、入住仪式策划、环境准备、与开发商做好沟通、与相关部门的协调、进行入伙模拟演练及突发事件应对等的准备工作。

  2. 能领导物业管理处工作人员办好入住仪式。

  3. 能描述入伙手续的办理程序及各岗位的职责，能解决入伙过程中的各种问题，确保业主顺利入伙。

  4. 能阐述新入伙小区的管理重点，能对新入伙小区实施管理。

导读 ＞＞＞

入伙是物业管理正式运作的开始，也是物业管理工作中难度最大的一个环节。入伙工作做得好，开发商的很多遗留问题就会得到妥善解决，业主也会对物业公司留下美好的印象。

4.1 入伙的准备

入伙服务是物业公司首次直接为业主提供相关服务，直接关系到业主对物业公司服务水平的第一印象。因此，物业公司要从各方面做好准备，全面有效地保障业主快速、方便、愉快地入伙。

4.1.1 资料准备

根据相关的政策法规和物业入伙服务流程，入伙前需要准备的资料文件有图 4-1 所示的七类。

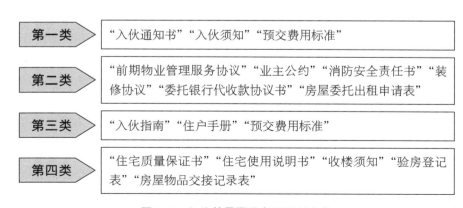

第一类	"入伙通知书""入伙须知""预交费用标准"
第二类	"前期物业管理服务协议""业主公约""消防安全责任书""装修协议""委托银行代收款协议书""房屋委托出租申请表"
第三类	"入伙指南""住户手册""预交费用标准"
第四类	"住宅质量保证书""住宅使用说明书""收楼须知""验房登记表""房屋物品交接记录表"

图 4-1 入伙前需要准备的资料文件

第五类	"装修指南""装修须知""装修申请表""装修审批表"
第六类	"业主登记表""业主家庭登记卡""业主联络资料登记表""入伙登记表"
第七类	"入伙声明""入伙认定书""钥匙领用登记表""收楼杂项费用一览表"

图 4-1　入伙前需要准备的资料文件（续）

4.1.2　制订入住工作计划

建设单位和物业公司应在入住前一个月制订入住工作计划，由项目管理负责人（通常是项目经理）审查批准，并报上级主管部门核准。计划中应明确以下几点。

4.1.2.1　入住时间、地点

业主购房合同里界定了入住的时段——政策性时段内涵。但是，在政策性时段里，具体哪个时间点入住，要从业主便利入住的角度，同时参考开发商和物业公司的需求来确定，否则可能产生负面的社会影响。同样，入住地点的确定也要考虑业主办理入住手续的便利性与快捷性，及环境、气氛的营造。

4.1.2.2　负责入住工作的人员及职责分工

由于入住服务是整个物业管理服务过程中全面开展物业管理服务的起始阶段，具有政策性强、涉及面广、时间性强、管理难度大等特点，容易导致物业服务单位与业主（或物业使用人）发生矛盾和冲突。同时，入住服务也是物业公司与业主首次面对面的接触，在此期间物业公司要以优秀的服务品质、严谨的工作作风和良好的专业素养赢得业主或物业使用人的认同和拥戴，树立良好的物业服务形象，化解物业服务中的种种矛盾和问题，实现积极的物业服务开局。因此，组建优秀的入住服务项目团队尤为重要。

4.1.2.3　入住服务项目团队设计

入住服务项目团队设计应遵循图 4-2 所示的原则。

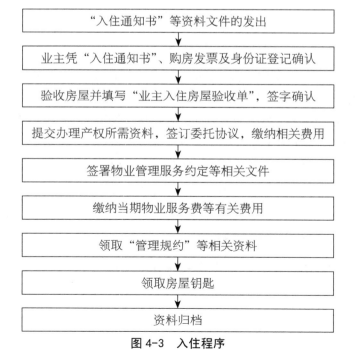

目标、任务原则	入住服务项目团队的设计必须从项目团队要实现的目标、任务出发，并为有效实现目标、任务服务
专业分工与协作的原则	按照专业化的原则设计入住服务项目团队的角色位置和确定归属，同时要有利于角色位置之间的协作
精简高效原则	项目团队既要精简，又要有效率
稳定性和适应性相结合原则	既要保证项目团队的相对稳定性，又要在目标或环境变化的情况下及时做出调整

图 4-2　入住服务项目团队的设计原则

4.1.2.4　入住程序和入住手续办理

入住程序和入住手续办理是物业入住服务平台操作体系的关键部分。通常包括入住程序和入住手续两部分。

（1）入住程序如图 4-3 所示。

"入住通知书"等资料文件的发出

↓

业主凭"入住通知书"、购房发票及身份证登记确认

↓

验收房屋并填写"业主入住房屋验收单"，签字确认

↓

提交办理产权所需资料，签订委托协议，缴纳相关费用

↓

签署物业管理服务约定等相关文件

↓

缴纳当期物业服务费等有关费用

↓

领取"管理规约"等相关资料

↓

领取房屋钥匙

↓

资料归档

图 4-3　入住程序

（2）入住手续

①持购房合同、"入住通知书"等进行登记确认。

②房屋验收，填写"业主入住房屋验收表"，建设单位和业主核对无误后签章确认。

③产权代办手续，提供办理产权的相关资料，缴纳办理产权证所需费用，一般由建设单位承办。

④建设单位开具证明，业主持此证明到物业管理单位继续办理物业入住手续。

⑤业主和物业管理单位签署物业管理的相关文件，如"物业管理收费协议""车位管理协议""装修管理协议"等。

⑥缴纳入住当月物业管理及其他相关费用。

⑦领取提供给业主的相关文件资料，如"住宅质量保证书""住宅使用说明书""管理规约"等。

⑧领取钥匙。

⑨业主入住手续办理完结后，物业公司将相关资料归档。

4.1.3　入住仪式策划

为了美化小区形象，与业主、物业使用人加强沟通，引导业主正确认识物业服务，通常由物业公司根据物业服务的特点及小区实际情况，组织举行入住仪式。参加人员有业主、物业公司代表、建设单位代表、相关的行政管理部门、社会媒体以及其他有关人员和组织，如社区精神文明办、消费者组织等。

【实战范本】业主入住仪式活动策划方案

业主入住仪式活动策划方案

前　言

一期工程的顺利交接，××小区首批业主的入住，是小区楼盘推广中重要的一环，对促进小区后期的销售将起到很大的作用。业主选择××，是信任××、为自己和××自豪、为自己的未来生活描绘崭新色彩的综合表现。同时，本活动更是扫清楼盘销售的最后障碍、积聚人气、提高小区影响力及提升小区与公司品牌的有力手段。

鉴于此，本着强力构筑小区品牌、公司品牌及物业管理品牌的目的来筹划本次活动，现表述如下，供公司领导参考。

活动内容

一、时间：20××年10月××日（星期×）上午9：30—10：00

二、地点：营销中心旁大坪

三、主持人：（待定）

四、主题：成就梦想　燃亮未来

——金秋十月××小区喜迎首批业主入住仪式

五、邀请领导及嘉宾

略。

六、公司内部出席人员

略。

七、邀请媒体及记者

略。

八、活动流程

1. 出席人员到场：9：20—9：30

2. 主持人宣布仪式开始：9：30

3. 总公司领导讲话：9：30—9：35

4. "管理金钥匙"交接仪式：9：35—9：37

5. 物业公司领导发表"管理宣言"：9：37—9：40

6. 省（市）领导致辞：9：40—9：45

7. 保安员军体拳表演：9：45—9：50

8. "乔迁之喜　灵狮贺金秋"舞狮表演：9：50—9：55

9. 物业顾问公司领导友情致辞：9：55—10：00

10. 仪式结束，业主开始办理入住手续：10：00

注："管理宣言"全称为"××小区物业管理宣言"

九、活动过程附注说明

1. "管理金钥匙"交接仪式

（1）两位领导上台。

（2）一名礼仪小姐手托一个银色托盘（内放一红绸布），将"管理金钥匙"送至总公司领导身旁。

（3）总公司领导双手将"金钥匙"交与物业公司领导并握手，两人转身面对观众。

（4）总公司领导返回观众席。

（5）物业公司领导发表"管理宣言"。

2.物业顾问公司领导友情致辞

主要阐述以专业力量来做个"好管家"，做好小区的物业管理工作，提高整个小区的物管品质，便利和优化业主的生活。

3."仪式结束"至"开始办理入住手续"期间活动控制

为有效控制场面、提升公司形象并办理入住手续，本人建议活动当天在现场为财务部开设临时办公场地——"尾款交费处"（只需派3～4人即可；第二天撤除，需提前告知及在仪式结束前告知业主）。

（1）仪式结束后，20名保安人员每4人一排，共5排，在领导、嘉宾及业主到达现场之前小跑至小区入口处，面朝业主等人行军礼至其到达。

（2）两只"舞狮"在业主等人前面开道。

（3）售楼部经理或一位售楼小姐在行走时为业主介绍小区的有关情况（需借助扩音器）。

（4）业主到达入口处时，保安人员礼毕解散并执行物业管理处的有关安排；同时，"舞狮"任务完成撤出小区。

（5）现场开始办理入住手续。

4.礼仪接待

两名礼仪小姐身穿红色旗袍，佩带印有"××小区"字样的礼仪绶带。

主要职责是在入口处迎接来宾，在仪式开始前为来宾佩戴胸花。

附1：活动场地布置

本活动将涉及如下三个场地。

一、仪式场地布置

1.背景板

文字：成就梦想 燃亮未来

——金秋十月××小区喜迎首批业主入住仪式

住房发展有限公司

××市××物业管理有限公司

样式：喷绘稿。

尺寸：4米。

设计：用××小区小高层单体透视图为背景，有效渲染活动主题——成就梦

想 燃亮未来（乔迁新居，不仅是业主生活梦想的实现，也是业主与其下一代开拓崭新未来的起点）

风格：金色、温馨感

位置：舞台边背景架

2.舞台：用现有舞台。

3.彩旗30面，插挂于大坪周围。

颜色是红黄蓝各10面。

内容：正面——××小区 LOGO

反面——总公司与物业公司 LOGO

4.横幅一条，悬挂于售楼中心正门上方。

内容：隆重祝贺首批业主入住××小区！

尺寸：6米×0.75米

样式：红底黄字

二、路旁建筑场地布置

1.彩旗20面，间隔为50米；插立于××路左侧。

颜色是红黄各10面，一红一黄依次插放。

正面是××小区 LOGO

反面是总公司与物业公司 LOGO

2.横幅两条，张挂于××路右侧公路路基上。

内容——

（1）金秋十月　金质生活　金色未来

（2）入住××　享受温馨

尺寸：6米×0.75米

样式：红底黄字

三、入住手续办理场地布置

1.横幅一条，悬挂于入口处

内容：热烈欢迎业主与××小区共同飞翔！

尺寸：18米×1米

样式：红底黄字

2.欢迎牌两个，分别摆放于入口处两侧

右侧：恭贺业主入住××小区！

左侧：热烈欢迎各级领导及嘉宾莅临××参观指导！

尺寸：600毫米×900毫米。

材质：塑料板镶嵌镀锌边框。

设计：广告体，白底红字。

3. 指示牌两个，主要告知财务部临时办公地点和物业管理费交付地点

尺寸：600毫米×900毫米。

材质：塑料板镶嵌镀锌边框。

设计：广告体，白底红字。

位置：分别摆放于入口处横幅下方左右侧。

4. 充气拱门一座，宽12米

位置：入口处。

内容：××小区喜迎金秋 首批业主激情入住。

四、其他相关物品的准备

1. 话筒音响：无线话筒一个，音响一对。

2. 银质托盘：一个。

3. 红绸：一块。

4. 管理金钥匙：一把，不锈钢镀金（便于保存）。

5. 礼仪胸花：30朵。

6. 请柬：30份。

7. 签字台：一张。

8. 签名簿：一本。

9. 签字笔：两支。

10. 签字台指示牌：一个。

11. 礼品：30份（待定）。

12. 舞狮：2只，6人（舞狮者4人、领舞1人、鼓手1人）。

13. 矿泉水：两箱。

附2：活动组织及执行组织分工

序号	工作内容	责任人	完成时间
1	活动场地（如背景板、横幅、彩旗、指示牌、欢迎牌、金钥匙）布置策划制作与落实	×××	10月29日
2	嘉宾及领导的邀请	总公司	10月29日
3	活动程序的现场统筹实施	×××	10月30日

（续）

序号	工作内容	责任人	完成时间
4	纪念品的准备（业主及来宾）	总公司	10月20日
5	保安人员军体拳表演（8名）的组织	×××	10月30日
6	入住台位牌的制作	物业管理处	10月26日
7	入住手续办理现场办公场地的布置及工作安排	物业管理处	10月26日
8	礼仪小姐的租请，胸花、绶带、红绸及托盘准备	×××	10月28日
9	现场音响设备的准备与现场调试	物业管理处	10月30日上午8：00到位
10	请柬的制备与发送	×××	10月28日前
11	签字用品的准备（如桌子、签名簿、签字笔）	×××	10月28日前
12	矿泉水的准备	×××	10月29日前
13	礼仪狮队的租请	×××	10月28日前
14	活动资料的打印装袋准备并于现场发给记者	×××	10月28—30日

附3：活动费用预算

序号	项目	规格	单价	数量	金额
1	充气拱门				
2	欢迎牌				
3	彩旗				
4	包杆和安装				
5	礼仪小姐及绶带				
6	胸花				
7	管理金钥匙				
8	条幅				
9	入住说明展板				
10	台位牌				
11	指示牌				
12	请柬				
13	托盘、绶带及红绸等				

（续）

序号	项目	规格	单价	数量	金额
14	纪念品				
15	来宾礼金				
16	狮队租金				
合计					

4.1.4 环境准备

在完成对物业的竣工验收和接管验收之后，物业公司要对物业共用部位进行全面彻底的清洁，为业主入伙做好准备。同时，要布置好环境，保持道路通畅。遇有二期工程施工或临时施工情况，要进行必要的隔离，防止安全事故发生。环境方面的准备还包括以下工作：

（1）准备及布置办理入伙手续的场地，如布置彩旗、标语，设立业主休息等待区等；

（2）准备及布置办理相关业务的场地，如电信、邮政、有线电视、银行等相关单位业务开展的安排；

（3）准备资料及预先填写有关表格，为方便业主、缩短工作流程，应对表格资料预先做出必要处理，如预先填上姓名、房号和基本资料等；

（4）准备办公用具，如复印机、电脑和文具等；

（5）制作标识牌、导视牌、流程图，如交通导向标志、入住流程、有关文件明示等。

4.1.5 与开发商做好沟通

物业管理人员在准备工作中，应以书面形式详细列出业主在办理入伙手续时需携带的资料、需缴纳的费用及入伙手续办理流程等并提供给开发商，以便开发商在入伙通知中告知业主；另外，还要与开发商就如何应对业主可能提出的疑问进行充分沟通以达成共识。

物业管理人员应采取主动沟通的态度，根据工作经验主动向开发商提出意见与建议，特别是首次接触此类事宜的开发商；主动联系各政府公共事务部门确定协作事宜、场地布置等工作。

各项沟通必须详尽、严谨。如在提供业主办理入伙手续所需资料、费用等内容时，应细致、全面，避免因疏漏而造成不必要的麻烦。在准备入伙仪式、布置场地方面，应更加细致入微，向开发商提出好的意见与建议，并且尽量采用书面方式进行沟通。

4.1.6　做好相关部门的协调工作

（1）与物业管理行政主管部门、国家电网、自来水公司、供热公司、天然气公司和邮局、有线电视等单位搞好关系，保证业主入伙后水电气等的供应，正常通邮、上网，解决业主的后顾之忧。

（2）与电信部门联系安装宽带事宜。

4.1.7　进行入伙模拟演练

为了充分展示物业公司的管理水平，圆满完成入伙工作，保证各个部门了解入伙的要求、入伙的流程，入伙管理工作组应提前对工程、客服等现场服务人员进行有针对性的入伙专项培训，确保所有人员熟知各项工作流程及标准。最好安排专业部门如品质发展部提前一周入驻现场，监督各项入伙工作的准备情况，并进行指导；安排工程技术部对各项配套设施进行检查，确保正常运行使用。为了给业主提供高标准的入伙服务，最好制定入伙模拟演练方案，对各个部门的员工进行统一安排，并在入伙前的两三天进行入伙模拟演练。对演练中发现的问题，要及时处理、纠正，并进一步进行培训。

4.1.8　做好应对突发事件的准备

在入伙过程中难免会发生一些突发事件，物业公司管理人员对一些常见的突发事件应该做到心中有数，并据此制定应急方案。当然，最重要的是做好以下两项准备工作：

（1）落实业主反映问题、投诉的渠道和处理人；

（2）准备单独的接待室，避免突发事件干扰交房现场的秩序。

第二项准备非常重要。例如，有业主在交房现场喧闹，怎么处理？有业主故意在交房现场怂恿其他业主讨说法，怎么处理？接待室就是为这样的人设置的。接待室设置的原则是，假如有人在接待室里面吵闹，在交房现场的人听不到。准备了接待室还不够，还要有人负责将业主引导到接待室来。引导也要讲究技巧，"先生，有什么事，我们到接待室来谈"这样的说辞显然是错的，而应该这样说："先生您反映的问题，我们已经联系了负责人，我们和负责人沟通一下，相信可以为您解决。"引导的时候，一定要找对房间。

4.2　办理入伙手续

4.2.1　办理集中入伙手续时要环环相扣

业主在开发商规定的时间到指定地点办理入伙手续，办理完结后就可以正式入伙了。其具体过程图 4-4 所示。

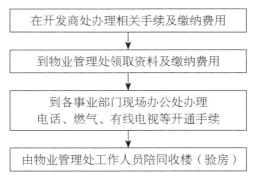

图 4-4　办理集中入伙过程图

此环节中较重要的一项就是业主收楼验房。如果在验房过程中发现问题，则须由物业管理人员及时与开发商沟通，在最短的时间内予以解决。在办理集中入伙手续时一定要按"一条龙"的方式进行，具体流程如图 4-5 所示。

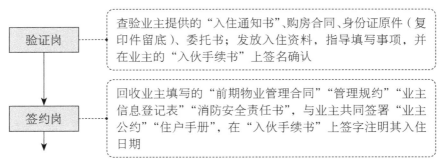

图 4-5　办理集中入伙手续流程

71

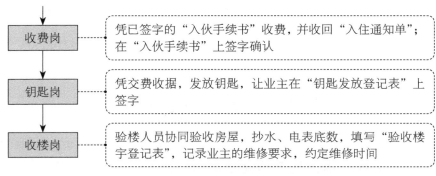

图4-5　办理集中入伙手续流程（续）

4.2.2　积极答复业主的疑问

业主在办理入伙手续的过程中可能会出现很多疑问，如有关房产证事宜、物业管理处情况、日常费用缴纳等。其中有些问题，若在前期准备工作中与开发商已做了较好的沟通与培训，就可以很快为业主做出答复。

如果出现了事先准备工作中没有涉及的问题时，接待人员也不要急于给出答复以免产生误导。为了应对这种情况的发生，物业管理处和开发商一般会委派专人负责沟通工作。

根据"入伙手续书"和"入伙须知"，业主在正式接管房屋之前，应由物业管理处派人陪同业主验收其所购物业。要做好这一点，须做好以下三项工作，如图4-6所示。

事前了解	物业公司管理人员在验收之前应尽量把物业可能产生的问题了解清楚，并逐项进行检查。把问题解决在入伙之前，将"先天缺陷"减少到最低限度
记录问题并请业主签字	业主收楼验房时，如发现房屋有任何问题，包括外观、水、电等，物业公司管理人员应当场做好记录并请业主签字确认，然后交由开发商解决处理
与开发商联系处理	物业公司管理人员此时应分辨问题缓急，如需马上解决则应立即同开发商联系，否则可待入伙工作全部完结后集中处理

图4-6　必须做好的三项工作

　　物业管理处向开发商方面反映问题的流程是将问题反映给本公司的专门人员，再由此人与开发商进行沟通。这样可使开发商更加明确问题的有效性，并加以重视、快速处理。

4.2.3　零散入伙期间要与开发商沟通协调好

　　大部分业主会在集中入伙期间办理各种手续，但也有部分业主因为各种原因无法在规定时间内前来。因此，入伙后还会有业主不定期地到物业管理处办理入伙手续。零散入伙期间，物业管理人员与开发商应注意以下两个方面。

4.2.3.1　统一协调时间、地点

　　业主办理入伙手续时，一般情况下会先到物业管理处咨询办理事宜。但按照正常程序，业主应该先到开发商处办理相关手续，之后才能到物业管理处继续办理入伙手续。因此，当发现业主还没有到开发商处办理手续时，物业管理人员应对业主进行指导。在零散入伙期间，物业公司应与开发商协商办理手续的时间、地点，双方最好能在统一的时间内办理；开发商的办公地点也要明确、固定。这样就便于物业管理人员为业主提供正确的指引。

4.2.3.2　明确固定的联系人

　　零散入伙期间，业主也会产生各种各样的疑问，尤其是在验房后会发现很多问题，业主有时会要求物业公司尽快给予答复或处理。物业管理人员应根据自己掌握的信息及实际情况及时答复业主。若业主的问题需通过开发商才能解决，就要及时和开发商沟通。

4.3　做好新入伙小区的管理

4.3.1　安全管理

　　新入伙小区由于外来人员多，正常生活与施工同时进行，安全技防设施尚未正常使用，存在着极大的安全隐患。另外，新入住小区的车辆管理系统往往未完善，

而外来车辆又较多，极易发生车辆损坏或丢车现象。物业公司做好治安安全管理、工地安全生产管理、消防安全管理、车辆安全管理工作就显得十分重要了。

4.3.2　工程返修工作

经验表明，小区入伙后的两年内是业主发现房屋质量问题从而要求维修或补偿最多的时期，也是业主极易与开发商及物业公司发生矛盾、产生积怨的时期。房屋质量问题并不是物业公司的责任，但处理不好，往往会使业主和物业公司之间产生积怨，为日后的管理工作带来麻烦。因此，建立起业主与开发商之间的桥梁，积极跟进业主房屋质量的返修工作是新入伙小区物业管理的重要工作之一。

4.3.3　成品保护与设备设施保护

新小区入伙后，往往还有工程在继续进行，可能会对已完工的成品及已安装的设备造成较大的损坏或影响，业主入伙后的装修工程往往也会造成同样的问题。因此，保护好已完工的公共设施设备，保护好广大业主的长远利益，是新入伙小区物业管理的重要工作。

4.3.4　完善小区基本资料及管理制度

新入伙小区的物业公司应利用各项工程移交验收及业主入伙的机会，完善小区各项设备设施的基本资料及各户业主的基本资料，分类造册归档，同时针对小区的具体情况，制定各项管理制度，以便日后管理。

 学习思考

1. 入伙前要准备好哪些资料？

2. 入伙工作计划的内容有哪些？

3. 入伙前环境准备的工作有哪些？

4. 为什么要制定入伙期间突发事件的应对措施？

5. 零散入伙该如何处理？

6. 入伙期间小区的管理重点是什么？

学习笔记

_____

_____

_____

_____

_____

_____

_____

_____

_____

_____

第五章　物业二次装修管理

▶ 学习目标

　　1. 能说明二次装修管理的基础工作有哪些及其要求，能制定装修管理文本、装修管理流程。

　　2. 能描述二次装修管理的审批流程、流程中的主要事项，能认真把关审批环节，尤其是"装修协议书"和"装修施工责任书"文本等的签订。

　　3. 能阐述装修期间管理的关键事项，有效实施并监督各个关键事项，尤其是对装饰装修违规现象的处理。

导读 >>>

装修管理是新入伙小区尤其是集中入伙小区最主要也是最重要的工作。据统计，一般中型以上小区在新入伙一年内，装修管理的工作量往往占小区物业管理工作量的一半以上。

5.1 二次装修管理的基础工作

5.1.1 有关装修管理文本的拟订

物业公司要加强依法办事、按章办事的意识，认真拟订管理合同、管理规约、装修规定等文本的各项条款。

根据《物业管理条例》及其他相关条款的规定，物业公司并不具备行政执法权。因此，物业公司对业主违章装修行为的"处理"只限于事先宣传、加强沟通、现场劝阻，并在"管理规约""装修规定"的授权范围内，将违章行为消灭在萌芽状态以防止事态扩大。所以，装修管理的文本制定工作很重要。

"管理规约"和"装修规定"是物业公司对业主装修及再装修进行管理的依据，它们的条款应该是全面的、符合小区特性的、可操作的，具体包括以下内容：

（1）法律文件的条款；

（2）业主办理装修申请的流程及必须做出的承诺；

（3）各幢楼、各楼层及各房间要遵守的细则；

（4）对装修公司的管理细则与装修队的承诺；

（5）物业公司具备的管理权限与处置权限。

【实战范本01】小区装修管理规定

小区装修管理规定

1. 目的

为了加强小区装饰装修管理和监督，保障房屋本体和公用设施设备的正常使用，功能及房屋外观统一，维护公共安全和全体业主的合法权益，根据建设部《住宅室内装饰装修管理办法》和本小区"临时管理规约"的有关条款，特制定本规定。

2. 适用范围

适用于本物业公司承接的各物业项目的二次装修。

3. 管理规定

3.1 装修管理流程

3.1.1 装修申请

3.1.1.1 装修房屋的业主持业主身份证和装修单位营业执照等有效证件原件（如果业主不能亲临办理，可委托代理人，但代理人须持有业主签署的代理委托书，委托书上应有业主的身份证复印件，代理人还应持有自己的身份证等有效证件原件），到物业服务中心领取"装修申请表""施工人员出入证登记表"等，并按表中要求逐项详细填写。

3.1.1.2 业主需签署"装修承诺书""装饰装修管理服务协议"。原则上不允许装修单位的施工人员在装修房内留宿，如施工人员确需留宿，业主还需签署"装修人员留宿人员担保书"。

3.1.1.3 客服中心将安排人员会同业主、装修施工单位对户内进行二次验房（包括闭水试验、宽带、有线电视、电话、室内对讲），签署"通水通电试验单"，二次验房结束后可办理装修申请手续。

3.1.1.4 业主会同装修施工单位负责人备齐如下申报材料前往物业服务中心办理申报手续：

（1）填写好的"装修申请表""施工人员出入证登记表"；

（2）装修施工单位的营业执照和资质证书复印件（加盖公司公章）；

（3）装饰装修方案、房屋装修施工图（给排水、电气管线图等）及装修说明（尤其是改动外观的设计方案说明）；

（4）若变动建筑主体、承重结构或者超过设计标准及规范、增加楼面负载，须提交原设计单位或者具有相应资质等级的设计单位提出的设计方案；

（5）装修人员身份证复印件和1寸照片2张。

3.1.2 装修审批

3.1.2.1 装修主管先查验装修申报材料是否齐全，确保提供的图纸资料完整，再对图纸进行全面审核，随装修方案的可行性做出批复，如可行，须提出专业意见及注意事项呈报物业管理处经理审批，批复后通报业主，施工单位前来办理手续。

3.1.2.2 装修方案的审批原则

（1）不能破坏建筑物的主体结构；

（2）不能破坏建筑物的建筑外立面，不能拆除连接阳台门窗的墙体、扩大原有门窗尺寸或者另建门窗；

（3）不能改动上下水主管道、消防管线、煤气管道、供电、通信、智能化线路；

（4）根据设计院提供的楼板设计荷载，审核楼板及吊顶材料；

（5）确定用电负荷（大型设备必须严格接地）、用电工具及相应的用电保护措施；

（6）卫生间的楼板防水措施；

（7）是否使用大量易燃材料；

（8）装修方案是否符合防火要求。

3.1.3 装修办证、缴费

3.1.3.1 装修方案经审批通过后，由业主和装修单位持审批后的"装修审批表"到物业服务中心财务室交清各项装修管理费用（详见附2"装修收费项目及缴纳标准"）。

3.1.3.2 装修单位负责人持物业审批通过的"装修审批表""施工人员出入证登记表"、施工人员身份证复印件、一寸照片2张及财务收款单据到物业服务中心办理装修进场手续，并办理"装修施工许可证"和施工人员的"装修出入证"。发放"装修许可证"前，业主及施工单位必须签署"通水、通电试验单"。

3.1.3.3 在装修过程中，若需要增加施工人员，必须由装修单位负责人亲自来物业服务中心填表缴费，办理人员增补手续，其他人员一律不予办理。

3.1.3.4 装修期限一般不超过三个月，如确需延期，业主应亲自或书面委托代理人办理延期手续，并填写"装修增加项目及延期申请表"。

3.1.4 装修监管

在装修施工过程中，物业服务中心有权进行检查，并纠正违章。对违反装修规定者，物业服务中心将酌情对施工单位有关人员给予处罚，对违章情节严重的将取消其在小区的装修资格。

3.1.5 装修验收

3.1.5.1 装修竣工后，业主（业主代理人）到客服中心申请初次验收。

3.1.5.2 初次验收通过之日起三个月内，物业服务中心安排复查，通过复查仍未发现渗、漏、堵、损坏等情况的，业主（或业主代理人）和装修单位负责人凭装修保证金收据到物业服务中心办理退、领装修保证金手续。

附1：装修流程示意图

装修申报	1. 业主持业主身份证或装修单位营业执照等有效证件原件到物业服务中心领取"装修申请表""施工人员出入证登记表"；同装修施工单位负责人备齐上述装修申报资料到物业服务中心办理申报手续 2. 业主签署"装修承诺书""装饰装修管理服务协议""装修人员留宿人员担保书"；装修单位签署"装修单位施工安全责任书" 3. 客服中心安排人员会同业主、装修施工单位对户内进行二次验房（包括闭水试验、宽带、有线电视、电话、室内对讲），签署"通水通电试验单" 4. 业主会同装修施工单位负责人备齐"装修申请表""施工人员出入证登记表"及装修施工单位的营业执照和资质证书复印件（加盖公司公章）、装饰装修方案、房屋装修施工图（给排水、电气管线图等）及装修说明（尤其是改动外观的设计方案说明，若变动建筑主体、承重结构或者超过设计标准及规范、增加楼面负载，须提交原设计单位或者具有相应资质等级的设计单位提出的设计方案）、装修人员身份证复印件和1寸照片2张，办理装修申请 5. 物业装修主管根据上述资料进行审查，决定是否批复（时间视情况约1～3天） 6. 装修审批同意后，客服中心给业主和装修施工负责人发出"装修缴费通知单"
缴费	业主与装修单位负责人持"装修缴费通知单"到客服中心财务处缴纳装修保证金、装修垃圾清运费、装修出入证工本费
办证施工，接受监督	1. 装修单位办领"装修许可证""装修施工人员出入证"，并将"装修许可证"复印件贴在门口 2. 装修单位要文明施工，遵守本小区的装修管理规定，接受物业公司和业主的检查、监督
装修验收，退保证金	1. 装修完工后，业主会同装修施工单位到客服中心申请装修初次验收 2. 初验合格三个月后，业主到客服中心申请复验，若合格即可办理装修保证金退还手续

装修流程示意图

附2：装修收费项目及缴纳标准

装修收费项目及缴纳标准

序号	收费项目	收费标准		说明
		多层	高层	
1	装修保证金	1 000 元	2 000 元	1. 装修保证金由装修公司缴纳 2. 装修完毕，如无违章情况，经物业管理处初查合格，业主入住三个月后复查合格予以退还装修保证金 3. 垃圾清运费用于：装修垃圾清运；装修期间管理成本增加部分支出；装修期间运送材料损坏楼道墙面的修复费用
2	"装修施工人员出入证"工本费	5元/证	5元/证	
3	装修垃圾清运费	300 元	500 元	

3.2 装修规则

3.2.1 装饰装修中的禁止行为

3.2.1.1 装修施工队需按照业主申请的装修项目进行装修，对于不经批准私自改变房屋结构及用途者，按要求恢复原样并扣除全部装修保证金。

3.2.1.2 严禁未经原设计单位或者具有相应资质等级的设计单位提出设计方案，变动结构主体和承重结构（柱、梁、板、承重墙、烟道等）；禁止在房间内加承重隔墙或承重分隔层。

3.2.1.3 严禁在承重墙和外墙上开洞，扩大承重墙上原有的门窗等；

3.2.1.4 严禁不适当增加楼面静负荷，包括在室内砌砖、超负荷吊顶、安装大型灯具、铺设大理石地板；

3.2.1.5 严禁任意刨凿楼地面，重击顶板、外墙内侧等，不穿管而直接埋线或改线；

3.2.1.6 严禁损害房屋原有节能措施，降低节能效果；

3.2.1.7 严禁使用不符合消防要求的装修材料；

3.2.1.8 严禁私自改动和损害消防及公共设施；

3.2.1.9 严禁未经物业服务中心批准，搭建建筑物、构筑物或其他设施；

3.2.1.10 严禁其他影响建筑结构和使用安全的行为。

3.2.2 超出设计标准或规范的改建

因超过设计标准或者规范增加楼面荷载而变动建筑主体和承重结构的，根据《城市房屋安全管理条例》，业主应委托原设计单位或者具有相应资质等级的设计单位提出设计方案，然后向市房产行政管理部门申请房屋结构改造安全许可后方可动工，并必须委托具有相应资质的装饰装修企业进行施工。

3.2.3　室内装修施工的一般注意事项

3.2.3.1　楼地面：不得凿剔楼板结构层，不得铺设大理石、花岗石等重型材料。

3.2.3.2　墙面：不得贴大理石等重型材料，非承重墙的拆除及室内新增间隔墙须经物业客服中心审批，方可实施。新增间隔墙必须采用轻质材料（如石膏、木板等，其厚度不大于10毫米，管径大于1.2厘米的管线，不得在承重墙内暗敷。

3.2.3.3　吊顶：凡在吊顶内装有管道的，需留出适当大的检查口，方便以后管道的检修。

3.2.3.4　线路及插座：允许在容量范围内适当增设电气线路，但不得扩容；增设部分需提供相关的图纸留存物业客服中心备查；暗敷管线时，不得损伤墙体；如因特殊情况需改动，应联系相关专业单位施工或通知物业服务中心协助。

3.2.3.5　根据设计，顶层业主可安装太阳能热水器，安装时需按设计位置放置。

3.2.3.6　装修时需预留出安装纱扇的位置。

3.2.3.7　装修前建议业主对户内水路管道布线做好标记，方便后期木地板铺设。

3.2.3.8　禁止直接在室内地面拌灰，以防楼板渗水；禁止在室内集中堆放装饰材料，以免楼板超出设计负重能力。

3.2.4　卫生间的装修注意事项

3.2.4.1　装修前需提前三天做闭水、通水实验；装修结束时，业主应要求装修施工单位做闭水、通水试验以防存在隐蔽性质量隐患。

3.2.4.2　装修卫生间时，应注意先施工地面，再施工墙面，以保护地面防水层。

3.2.4.3　铺设暗埋管道时，严禁破坏防水层（平面、立面），如因剔槽而引发的漏水问题，由业主自行承担。

3.2.4.4　请勿损坏防水层，因为卫生间地面下层已做防水，建议铺装前对卫生间地面再做一次防水处理。

3.2.4.5　卫生间吊顶时，要预留出适当的检修位置，如因未留或留位不当导致无法维修等问题，由业主承担相关责任。

3.2.4.6　卫生间下水主立管严禁依附重物或撞击，以免造成下水管与楼面的接缝开裂。

3.2.4.7　必须保证暗埋管接头完好，如发生接头处渗漏则由业主自行负责。

3.2.4.8　卫生间抽风口、厨房烟道口是按照国家标准严格设计、安装的，建议业主不要改动，如因改动而产生的倒烟、串味等问题，其责任由业主承担。

3.2.4.9 上下水管阀门、排污口要预留适当的检修位置，否则检修时将会破坏您的室内装修。

3.2.4.10 为保护业主的利益，建议业主在装修公司退场时做闭水试验并由业主检查、签字认可，凭业主签字单退装修保证金。

3.2.4.11 建议不要改动卫生间地漏及下水位置；装修结束后，业主应再次要求装修单位进行测试，避免出现返味、漏水等问题。

3.2.5 水、电、天然气设施注意事项

3.2.5.1 水

（1）给排水系统，上水管线室内总阀可根据实际情况进行改动（上水管线为墙体暗埋，装修时请注意），装修部位出现漏水现象由业主自负，下水管严禁改动。

（2）管道检查口必须留有必要的检修位置，以便系统出现问题时进行检修（未留检查位置而造成的损失由业主承担）。

3.2.5.2 电

（1）对于电路系统，业主必须考虑额定功率，不得超负荷用电，改动、增减线路时应符合国家规范（如果超过额定用电而造成线路等安全问题，由业主自己承担）。若装修切槽走线造成墙体裂缝、空鼓问题，其责任由业主承担。

（2）电动工具接地、漏电保护要符合国家规定，以防人员触电及电源频繁跳闸。

（3）改造电源线路时，一定要套加阻燃管。

（4）所有线路分线盒须用可拆卸盖板封闭，不得用水泥等固态材料封闭，以便日后检修。

3.2.5.3 天然气

（1）天然气热水器

①天然气热水器排气口（孔径不得大于10厘米）、卫生间排气口必须事先与物业管理处联系，按指定位置安装。

②热水器强排烟管道严禁放入烟道，以免造成安全事故。

（2）任何个人和装修单位在装修过程中不得拆装、变动室内天然气系统的任何部位。

（3）禁止擅自改动所有天然气管线，若必须改动，须向天然气公司申请，并经书面批准认可后，由天然气公司施工，否则后果自负。

3.2.6 弱电系统注意事项

（1）对讲、有线电视插孔、电话插孔、宽带接口不得改移位置。如必须改移，须经物业管理处认可并与专业施工队伍联系改动，以免由此造成信号不畅等问题（装修时注意墙体暗埋管线）。

（2）建议业主提醒施工方提供成品保护，对智能化系统的预埋管线、对讲话机，业主不得更改位置，封线盒严禁封闭，否则，修复费用由业主承担（装修时注意墙体暗埋管线）。

3.2.7　保护共用部位及楼宇外观的统一和美观

3.2.7.1　不得改变外墙（包括阳台、露台外墙、外门窗）立面效果，不得安装外置式防盗网及改变外墙颜色；不得在外墙上安装铁架、笼子等附加物，以保证建筑物的外观协调。违规装修造成的经济损失由责任人承担。

3.2.7.2　禁止改动现有门窗、阳台；禁止业主自行封闭阳台或在阳台、楼台上搭建构筑物或砌水池、随意粘贴窗花等；禁止改变阳台栏杆外部颜色。

3.2.8　空调机安装

3.2.8.1　业主在购买空调前，应注意先测量预留空调机位的净空尺寸，并按照测量数据选购空调机。

3.2.8.2　安装空调机之前，业主应告知物业服务中心，请其派员指导，以免安错位置造成返工，同时便于物业服务中心跟踪督查。

3.2.8.3　安装空调机时，注意不要损坏、污染外墙面，若产生了损害应予恢复原状。

3.3　装修活动管理

3.3.1　装修工程期限

装修工程期限一般不超过三个月，如确需延期，应由业主本人或业主代理人到物业服务中心办理延期手续。

3.3.2　装修作业时间

春、冬季为每天8：00-12：00，13：00-18：00；夏、秋季为每天的8：00-12：00，13：30-18：30，节假日最好不要施工，如施工不得进行有噪声及散发刺激性气味的项目，施工作业时间为每天上午9：00-12：00，下午14：30-17：30。

3.3.3　消防安全管理

3.3.3.1　每个施工现场至少配备两个手提二氧化碳灭火器或干粉灭火器。

3.3.3.2　根据《中华人民共和国消防法》的规定，施工单位必须负责施工现场的消防工作。施工单位的防火安全责任人负责施工现场的防火安全工作，确保各项防火安全工作的落实。

3.3.3.3　各施工单位要对现场施工人员进行防火安全和工地管理制度的宣传教育，提高施工人员的安全意识，自觉遵守相关安全操作规范和制度。

3.3.3.4　各施工单位必须聘请有资质的电工、焊工，负责施工用电、电焊作业。

3.3.3.5 施工动火前务必到物业服务中心办理动火申请手续。动火作业的人员必须严格遵守相关操作程序和安全规定。

3.3.3.6 未经批准，工作场地内严禁使用电炉、电炊具、电热水棒等设备，严禁使用燃气。不准使用高瓦数灯照明，照明灯泡瓦数一般控制在100瓦以下。因施工需要使用碘钨灯的，应先征得物业服务中心的书面同意，并做好安全措施，保证人离灯灭。

3.3.3.7 施工使用的电动工具等必须符合国家标准，电动工具（临时接地线）需配开关箱，开关箱必须装设漏电保护器，临时接驳电线必须保证一机一闸一个漏电开关，在施工完成后拆除，家里总开关等负荷开关应恢复原状，压紧接线端子，以免松动。

3.3.3.8 凡因违反装修管理规定而发生的消防或人身事故，由相应的施工单位、个人及业主承担一切经济及法律责任。

3.3.4 对装修施工人员的管理

3.3.4.1 装修人员进入小区时必须佩戴"装修出入证"，凭"装修出入证"进入小区。

3.3.4.2 装修人员必须持有效证件，衣着整齐，不得在非工作区（其他业主门前）休息、逗留、骚扰其他业主。不得在天台或楼边公共场所加工作业或晾晒衣物。严禁随意喧哗、大闹、赌博、饮酒等。

3.3.4.3 装修人员原则上不得在小区内留宿，如需留宿，必须由业主到物业服务中心办理担保手续。

3.3.4.4 装修人员不得在公共区域乱涂乱画，不得损害公物，不得随地吐痰，否则，处以200～500元违约金，造成严重损害的要承担相应的损害赔偿责任或法律后果。

3.3.4.5 装修人员携带物品离开小区时，需在门岗详细登记，非工具类物品由业主签字认可后，方可带出小区。

3.3.4.6 施工车辆不准进入小区内环道，须统一停放在物业公司指定的临时停车处并停放整齐。装修进料车辆不准进入内环道，可以用板车运进施工现场。

3.3.5 对"装修许可证"的管理

装修单位需将"装修许可证"张贴于门口，并注意保持完好。

3.3.6 对装修材料和装修垃圾的管理

3.3.6.1 严禁将建筑材料、垃圾堆放在公共场所（如公共走廊、电梯前室、疏散楼梯间及外围通道）。

3.3.6.2 装修垃圾必须统一用编织袋装好，按物业客服中心指定的时间和地点进行堆放。

3.3.6.3 维护公共场所的清洁，不得在公共场所作业。对散落在公共场所的装修材料、装修垃圾，应及时清理干净；施工时应关闭住户门，防止装修粉尘、异味对楼道空气的污染。

若违反上述规定，物业服务中心有权责令整改，对不整改的装修单位，物业服务中心将自行雇工处理，费用则从装修保证金中扣除。

3.3.7 支持物业服务中心对装修的监管

物业服务中心有权对各单位的装修情况作不定期的检查，以随时纠正违章装修现象。业主以及装修施工单位有义务给予支持和配合。

3.3.8 损害处理

3.3.8.1 业主不得私自在户外接水、电，违者应承担相应的费用，并承担一定的违约金。

3.3.8.2 因装修施工造成的管道堵塞、渗漏水、停电、损坏他人物品等，应由业主负责修复和赔偿。

3.3.9 违章装修处理办法

物业公司对较轻的违规者，应立即在现场予以指正；对违规重者，物业公司有权扣除相应违约金（用于物业服务）；责令停工；责令恢复原状；扣留或没收工具；追索经济损失；报告政府有关部门处理。

5.1.2 正面宣传、合理引导

物业管理处应针对物业项目的特点，制定详细的"装修指南"，在办理入住手续时发放给业主。物业管理处要为业主提供必要的房屋结构、水电走向图纸，指导业主进行合理装修，同时将加大装修宣传的力度，在公共区域明示装修规定、违章装修的危害性和处理措施，并增加环保装修的宣传，充分发挥社区文化的导向功能、约束功能。物业管家负责与业主进行沟通引导，架起物业管理处与业主的沟通桥梁，提高业主的自觉性。

5.1.3 在集中装修期组建小区装修办公室

在集中装修期，物业管理处可以组建小区装修办公室，除物业管理处管理人员外，还包括装修图纸专业审核人员、熟悉本项目建筑结构的工程师、公司客户主管等。办公室的主要任务包括以下方面：

（1）在业主装修之前提出专业的、富有建设性的意见，避免违章装修现象的发生；

（2）在已经发生违章的情况下，用客观、专业的意见说服业主停止违章行为，并提出积极的整改意见。

5.2　装修申报与审批

5.2.1　要求住户在装修前进行申报

二次装修管理是物业管理中的一项常见而重要的事项。一个细节的疏忽就有可能导致业主或使用人的投诉，甚至可能导致物业公司陷入尴尬的境地。所以，物业项目经理必须从装修设计开始就进行装修审查与管理。

业主或物业使用人在入伙后，凡欲进行室内装修改造的，应及时向物业管理处申请，填写"装修申请表"（如表5-1所示），并附装修方案，报物业管理处审批。业主及施工单位应在"装修申请表"上签字盖章。

表5-1　装修申请表

装修地址：　　　　　　　　　　　　　　　　填报时间：

业主姓名		联系电话	
装修公司名称		装修公司联系电话	
装修负责人姓名		其他联系方式	
申请装修内容（包括装修项目、范围、标准、时间及施工图纸等）			
地面做法			
墙面做法			
室内门窗			
天花做法			
厨房做法			
卫生间做法			
阳台做法			

（续）

申请装修内容（包括装修项目、范围、标准、时间及施工图纸等）				
给水管路做法				
电线管路做法				
暖气				
用电设备				
设备名称		功率（kW）	数量	合计功率（kW）
			总功率	
说明	1. 装修增、改项目需另行申报，经物业公司工程部负责人对其设计施工方案批准后方可施工 2. 本业主（使用人）和装修公司保证装修内容不超过以上范围、标准，并按期完成 3. 申请时如资料未备齐，限 3 日内备齐，否则该表自动失效 4. 物业公司负责现场验收，如各系统管道无跑、冒、滴、漏现象，各排水管道及地漏排泄通畅，无堵塞现象，并无违章现象，方可退还装修保证金 5. 本表复印后一式三份，物业公司执原件，复印件由业主、装修公司各执一份			
业主填报时间		装修公司填报时间		
业主签名		装修公司负责人签名		
备注：				

对于装修申报审批的程序，物业项目经理可以事先组织人员予以制定，并公示，表 5-2 是某物业公司的装修申报审批程序，可供参考。

表 5-2 装修申报审批程序

序号	程序	具体要求
1	用户装修申报	（1）业主向物业公司工程部提出装修申请，领取"装修申报表""室内装修消防审批表" （2）工程部对业主的资格进行确认，并提供装修指南及有关资料

（续）

序号	程序	具体要求
1	用户装修申报	（3）业主尽快请设计公司设计装修方案（自行设计也可），并选择合格的装修单位（由物业公司审查或由物业公司直接推荐） （4）业主在15天内将装修设计图纸交工程部审核
2	物业公司审批	（1）在接到业主递交的装修方案后7天内予以答复。对不合规范或资料不全的，要求业主进行修改，重新提交审批 （2）方案批准后，业主按规定到物业公司签订"装修协议"，明确装修的内容、装修时间、垃圾处理方式以及违约责任的处理等内容，并领取"装修许可证"

5.2.2 装修审批

物业公司应仔细审查"装修申请表"中的内容，在一定的时间内予以答复。对应报有关部门审批的，应督促业主或施工单位及时向有关部门申报。对符合有关规定的装修申请应及时批准。对不符合有关规定的，要求业主进行修改，重新提交审批。同时，向业主或物业使用人发放物业公司制定的"装修管理规定"。

在新租户装修前，物业管理人员应先对用户室内进行全面检查，看业主或原租户是否未经物业公司审批而擅自装修且存在安全隐患，若违规装修是已迁出的租户所为，整改工作是由业主还是原租户承担，应由业主决定。只有将违规装修整改后，物业公司方可允许新租户进行装修。

5.2.3 与装修人签订"装修协议书"

物业公司在批准装修施工之前，应与装修人签订"装修协议书"。"装修协议书"一般包括装修工程的内容，装修工程的期限，允许施工的时间，垃圾的清运与处置，房屋外立面设施及防盗网的安装要求，禁止行为和注意事项，装修保证金、垃圾费、水电费等费用的约定，违约责任及其他需要约定的事项等内容。

【实战范本02】装修协议书

装修协议书

甲方：_____ 物业管理有限公司（以下简称甲方）

乙方：_____（以下简称乙方）

甲方系 ＿＿＿＿＿＿＿ 物业管理单位，乙方系 ＿＿＿＿ 小区住宅单元物业的购买者或使用者委托进行装修的单位或个人。现甲乙双方就装修的有关事宜，经过平等协商，特签订本协议。

一、装修申请与报批

1. 乙方在装修前应以书面形式向甲方提出装修申请，并填写"装修申请表"；乙方向甲方提供下列材料：

1.1 施工单位营业执照及资质证书复印件（加盖公章），如委托个人则需装修委托书；

1.2 比例不小于 1∶100 的装修设计图（包括平面图、隐蔽工程图、机电项目施工图）或上述图纸的复印件；

1.3 乙方向甲方提供现场施工人员的名单、身份证复印件及 1 寸近照 2 张；

1.4 装修队电工、焊工等特殊工种的上岗证及复印件。

2. 甲方在收到乙方申请后，对乙方提供的资料进行审核，甲方自接到资料后 7 个工作日内完成审核工作，并将审核结果通知乙方。如审核合格后，甲方为乙方开具"施工许可证"。乙方应按时开工装修，同时应将许可证贴在装修现场明显位置以便甲方检查。

3. 对于乙方提供的资料，甲方认为需要修改或重新提交时，乙方应进行修改或重新提交，并将修改后的资料报甲方，以便甲方进行最终审核。

4. 对于甲方审核完毕的资料，乙方不得擅自改变。如需修改或变动，应以书面形式提前通知甲方，并将修改后的资料报甲方审核。

5. 如果乙方不提交装修申请而擅自施工，或在甲方未准许之前开工，甲方有权责令其停工，由此造成的一切后果均由乙方负责。

二、出入证

1. 为保证乙方装修工作的顺利进行，乙方需要为其聘请的施工人员办理现场出入证，如未办理出入证、丢失出入证或将出入证转借他人，甲方有权阻止其进入小区，由此产生的一切后果均由乙方自负。

2. 如果甲方发现乙方聘请的施工人员有违法行为，或有不符合小区管理规定的行为，甲方有权将该施工人员清理出小区，由此产生的一切后果均由乙方负责。

3. 装修完毕后，乙方应及时将其申请的所有出入证全部收回交还甲方，甲方核查无误后，退还临时出入证押金。

三、装修保证金

1. 为保证业主的利益和楼宇结构及配套设备的安全，甲方收取乙方保证金每户

_____元。

2. 乙方缴纳垃圾清运费 _____ 元 / 自然间；管理费（含设备使用费）按 _____ 元 / 天计费，自审批合格领取施工许可证起至验收合格清场之日止。

3. 装修完毕经甲方验收合格后，扣除实际发生的费用（以甲方验收合格之日停止计费），如三个月未发生质量问题则按规定退还尾款。如验收不合格，甲方将继续收取乙方整改期间的相关费用。

四、注意事项

1. 楼宇土建结构装修

1.1 不得改动门、窗，保持楼宇、房屋外观的美观和统一。

1.2 严禁拆改破坏原结构、承重墙、配重墙、楼板地面。不得擅自在主体结构上剔槽、打洞，不得凿穿地面、屋顶、阳台隔断板。

1.3 室内地面石材厚度不得超过 1.2 厘米，地面装修总厚度不得超过 3 厘米，按施工进度铺地砖前须申报物业公司工程部检查批准。

1.4 不得擅自破坏原设计卫生间、洗衣间防水层，如有破损须重做防水处理，需进行 24 小时闭水试验，物业公司工程部试验通过后方可继续施工。

1.5 乙方装修所使用的木制材料需经防火阻燃、防腐处理。

1.6 不得将没有防水要求的房间设为卫生间、厨房间。

2. 水、暖气、燃气管道设施装修

2.1 严禁改动室内供暖管线设施，严禁加装暖气片或拆改移位。若加装暖气罩，就必须留有长、宽不少于 40 厘米的检修口，便于日后维修，否则后果自负。

2.2 严禁拆改室内水表，不得擅自拆改原设计管线。

2.3 严禁改动或遮挡燃气管线、仪表设施。

2.4 室内所有管线节门、接口周围需留出 10 厘米以上的距离，并必须按规定预留长、宽不小于 40 厘米的检查口，便于日后维修检查。

2.5 不得擅自封包燃气管道。

2.6 安装燃气热水器必须采用强排式，且其排气管不得超出外墙 10 厘米，不得排入烟道或管井。

2.7 如果要改动卫生间、厨房间墙体，应当按照防水标准制定施工方案，并重新做防水。

3. 配电、弱电信号设施装修

3.1 配电系统布局必须按审批方案、图纸施工，负责此项工作的施工人员必须有劳动局核发的电工操作证（特种工种证明复印件在物业管理公司备案）。

3.2 严禁破坏室内原设计配线回路，严禁强电、弱电线路直埋，必须按施工规范穿线铺设，如有违规，造成的一切后果由乙方负责。

3.3 不得擅自增改原设计配电控制和计量仪表，隐蔽施工部分如照明、插座、空调插座必须按原设计负荷单路控制施工。

3.4 严禁拆改原设计电视、对讲、通信网络布线，如擅自改动，一切后果自负。

3.5 浴室安装浴霸时必须从插座重新引线，不能使用原预留灯线。房间内不得使用超过原设计负荷的电器。

4. 楼宇外观装修

4.1 严禁拆改外窗、防火窗、阳台，不得擅自加装护栏。

4.2 严禁在户门以外公共区域平台违章搭建或悬挂其他物品。违者物业公司有权要求其无条件拆除，损失自负。

4.3 必须按指定位置安装空调室外机，冷凝水排放管须接入空调冷凝水管或靠墙固定在外窗一侧。

5. 装饰施工现场

5.1 装饰材料搬运。乙方须提前申请电梯使用时间，按计划安排时间搬运，切勿损坏电梯、公共区域墙壁、楼梯间墙壁等公共设施设备。搬运建筑材料时必须封装不漏，搬运完毕后须将搬运道路及时清扫干净。

5.2 装修垃圾清运。乙方必须遵守甲方的规定，按指定时间将封闭袋装垃圾运至指定地点，随时清扫门前杂物。严禁在公共区域堆放建筑材料、装修垃圾，严禁将杂物、油漆倒入下水管线。

5.3 施工人员。乙方施工人员须衣着整齐，佩戴通行标志，从指定通道进出；严禁在本小区非工作区域闲逛，不得损坏小区公共设施设备及他人财物；严格遵守管理规定，保持公共区域墙壁、楼道墙壁的整洁。

5.4 装修施工时间

5.4.1 工作时间为 8：00-12：00，14：00-18：00。其他时间严禁施工人员进入或滞留在小区内，严禁施工人员在本小区内留宿。

5.4.2 机械设备作业时间为 8：00-11：30，14：30-18：00。其他时间为静音作业时间，严禁施工扰民。（周六、日静音作业）

5.5 消防安全。每户装修施工现场必须配置两个 5 千克的灭火器，工作现场禁止吸烟。乙方必须遵守各项安全防火规定，履行与甲方签订的"安全防火责任书"。

五、装修竣工验收

装修完成后，乙方须提前通知甲方约定时间，甲方自接到乙方正式验收申请 5

个工作日内，由工程部、业主、装修公司负责人及装修施工相关技术人员共同验收。验收不合格项目由施工单位限期整改。因整改造成的各项损失费用，均由施工方承担。

六、其他

1. 乙方在此保证：因其装修而引起的一切后果，如造成房屋结构、布局、外装修的损坏，房产毗邻房屋的损坏或他人人身安全或财产的损失，房屋渗漏对四邻造成的损失等均由乙方承担。因此后果而产生的一切事宜如诉讼、仲裁均由乙方自费处理。

2. 如因乙方装修给他人人身财产造成损失，而引起他人向甲方索赔时，乙方负责赔偿一切损失。

3. 本协议未尽事宜，由双方协商解决。

4. 本协议一式两份，甲乙双方各执一份，自双方签字之日起生效。

甲方：＿＿＿物业管理有限公司　　　　　乙方：

经办人：　　　　　　　　　　　　　　　经办人：

日期：　　　　　　　　　　　　　　　　日期：

5.2.4　收取装修押金

对于是否应该收取装修押金，应以购房人在买房时与开发商的约定为准，即按"房屋使用、管理维修公约"中的规定执行。业内的一般做法是应该收取押金。

在实际工作中，有一些装修工人在进行装修时，不考虑他人生活的方便与安全，也不顾及对建筑物、设施设备的保护，野蛮施工，随意抛掷垃圾，在不恰当的时间、地点进行施工等，这些行为引起了其他业主的极大不满。若收取了押金，物业管理人员发现在装修过程中出现损坏物业、破坏物业设施设备、给其他人造成生命、健康、财产方面的损失等情形时，就可从这笔押金中支付。如果装修过程没有出现上述情形，物业公司则可将收取的押金奉还。

5.2.5　酌情收取装修管理费

在装修过程中，物业公司要配合提供一些原始工程资料，协调各方面的关系（如协调业主之间因装修干扰带来的纠纷；协调消防队、设计院等），又要对装修工人、装修材料、装修行为进行管理、监督，如纠正违章、进行电梯维护等，这些工作就会带来人力、物力开支。也就是说，在装修管理中，物业公司不仅要投入大量的人力、物力，更重要的是有一种无形的安全责任。所以，物业公司可按规定酌情收取管理费，并向业主（用户）解释清楚。

当然，装修管理费是因为实际发生了管理行为而收取的费用，如果物业公司并没有对装修进行管理，或者业主没有装修，物业公司就不应该收取该费用。

5.2.6 与装修公司签订责任书

在以上事项办理好后，物业公司一定要与装修公司签订"装修施工责任书"，并发放"施工许可证"。

【实战范本 03】装修施工责任书

〜〜〜

装修施工责任书

甲方：

乙方：

兹有业主／经营户 ＿＿＿ 委托 ＿＿＿ 公司（以下简称甲方），对其购买（或租赁）的由 ＿＿＿＿ 物业管理有限公司（以下简称乙方）经营管理的 ＿＿＿＿ 市场 ＿＿ 期 ＿＿＿＿＿ 路／街 ＿＿＿＿ 号的房屋进行装修。为加强对装修工程的管理，确保工程质量和 ＿＿＿＿＿＿ 市场正常经营、生活秩序，甲乙双方同意签订本责任书。

一、装修人员每人须交两张 1 寸照片，一张办理临时出入证，另一张办理个人档案。

二、装修人员在装修期间不得影响相邻业主的休息，装修必须在规定时间内进行，即 8：00-12：00，14：00-21：00。禁止在规定时间外使用电动机械及进行油漆喷涂等操作。

三、装修人员不得侵扰其他业主，不准在楼道内闲逛，不准在其他楼层停留。

四、装修人员必须保持公共场所如楼梯、过道及墙壁的清洁。不允许将污水、废物倒在楼道里，不得在公共部位堆放杂物，及时清理装修垃圾。

五、施工负责人要保证各楼层公共设施的完好，如不得乱刻、乱画，不得撬各种门锁等。

六、注意用电及消防安全。例如，掌握消防设施的使用方法，用电时要采用适当的插头；严禁用电源线直接接到漏电开关上；严禁用电炉、明火做饭烧水。

七、装修人员不准在施工场所留宿，确需过夜留守的应先与物业公司治安消防部联系，经同意后方可在施工场所过夜。

八、施工队或施工负责人应严格按照《中华人民共和国消防法》及室内装修的有关规定装修。如业主要求违章装修时，应解释说明，不予装修。否则，除业主承担责任外，施工队伍也应承担相应的责任。

九、出现问题时，施工负责人应及时与业主联系，双方协商解决，不得擅自作主。

十、如违反上述规定，物业公司将视情节轻重给予 100～1 000 元罚款，并有权责令其停工整顿。

十一、施工队或施工负责人应为施工人员办理意外伤害保险，否则一切后果由施工队负责。

十二、施工人员必须按安全规范施工，时刻注意安全，如发生安全事故由施工队或施工负责人承担一切经济责任直至承担相应的法律责任。

十三、如有未尽事宜，双方可另行协商解决。

十四、本责任书签字盖章后生效。一式两份，双方各执一份。

甲方：＿＿＿＿装修公司　　　　　　　　　乙方：＿＿＿＿物业管理有限公司

负责人：　　　　　　　　　　　　　　　　负责人：

　　年　月　日　　　　　　　　　　　　　　　年　月　日

5.3　装修期间的管理

5.3.1　要尽告知和督导义务

物业管理处的装修管理人员具有以下告知和督导义务。

（1）向前来办理装修申报的业主、租赁人或装修公司人员详细介绍小区物业管理规定及相关管理办法，也可以向其发放书面的"小区住宅装饰装修告知书"。

（2）将装修公司情况或装修公司的施工情况告知业主。

（3）将装修方案中或施工中不合理的工艺和工程隐患告知业主。

（4）将装修的禁止行为和相关的注意事项告知业主及装修施工人员。

（5）履行装饰装修管理规定，维护业主利益，及时纠正装修施工中的违规行为，并督导业主或装修施工人员进行整改。

（6）对检查中发现的质量问题和隐患，应及时跟进和处理，并督导解决。

（7）对业主和装修施工人员提出的询问及求助，应予以当面的解释和指导，对难以陈述的问题，应亲临施工现场提供帮助。

【实战范本04】小区住宅装饰装修告知书

小区住宅装饰装修告知书

各住宅装饰装修业主、装饰装修企业：

为加强住宅装饰装修规范管理，保障广大装修业主的利益，提高住宅装饰装修质量，杜绝和减少安全事故的发生，根据国务院令《建设工程质量管理条例》和《物业管理条例》、建设部令《住宅室内装饰装修管理办法》以及《××省建设工程质量和安全生产管理条例》的规定，按照××市房产局《关于加强住宅室内装饰装修管理的通知》的要求，现将住宅装饰装修有关事项告知如下。

一、装修业主（装修人）在进行装修前，须将施工单位的营业执照、资质证书、施工人员资格证书、设计施工方案等向小区物业管理机构申报登记。

二、凡进入小区从事住宅室内装饰装修的装饰企业，必须持有室内装饰装修资质证书和营业执照，管理人员必须持有项目经理资格证书，施工人员必须持有室内装饰装修施工人员技能资格证书，与装修业主签订××省住宅装饰装修工程"设计合同""施工合同"，方可进行装饰装修活动。

三、个体装修施工人员必须持有室内装饰装修施工人员技能资格证书，受聘于装饰装修企业并与该企业签订"施工合同"，方可从事装饰装修施工活动，不得以个人名义承揽装饰装修业务。

四、装修业主（装修人）在进行装修时，应要求施工单位将相关证照向市室内装饰协会和市房产局物业管理科备案，经审核、认证，签署小区装修准入意见并办理施工（开工）证手续后，向物业管理机构登记，若发生施工、材料质量不合格的矛盾、纠纷事件，以便调查、落实，维护装修业主的合法权益。

五、装修业主（装修人）和装饰装修企业未经原设计单位同意或具有相应资质的设计单位提出设计方案，不得擅自变动建筑主体或承重结构，不得擅自超过设计标准或规范增加楼面荷载，不得拆改供暖、燃气管道等设施，不得将没有防水要求的房间或阳台改为卫生间、厨房。

六、物业管理机构将履行管理服务职责，对小区住宅装饰装修情况进行巡查、监督。对违反物业规定，特别是无证无照、违规违法施工的装饰企业和施工人员，进行劝阻和教育，对不听劝阻、拒不改正的责令停止施工。对情节严重、拒不整改的施工方，清出小区，并报告房产行政主管部门依法处理。

七、装修业主在住宅装修时，若发生施工、材料质量矛盾纠纷，可向市室内装饰装修消费者投诉站和市房产局物业管理科投诉，请求调查、鉴定，明确责任方，维护当事人的合法权益。

希望各装修业主、装饰装修企业积极配合房产行政管理部门、工商行政管理部门和市室内装饰协会的监督管理，自觉遵守《物业管理条例》的有关规定；共同为规范小区住宅装修行为，保障住宅装修的质量安全，营造良好的小区住宅装修秩序做出应有的贡献。

小区物业管理公司

（盖章）

日期：　　年　月　日

5.3.2　采取措施有效防止干扰

装修行为会对周围住户的工作和生活产生影响。为避免室内装修对邻居的干扰，物业公司应采取以下管理办法。

（1）装修前给同一楼层及上下楼层住户发通知，让他们有思想准备并采取一些预防措施，取得他们的谅解。

（2）在业主提交装修申请时，提醒业主聘请信誉好、实力强的装修公司，并尽量缩短工期。

（3）对业主和装修公司进行必要的培训，解释装修程序和有关管理规定，避免他们因事先不知而启动各种影响邻居工作或休息的装修工程。

（4）将"装修注意事项"贴在装修单元的大门上，提醒装修人员文明施工。

（5）严禁在夜晚、周末等时间装修。

（6）施工人员办理施工证或出入证后方可进场施工，施工人员不得从事与施工无关的各种活动。

（7）加强对装修单元的监管，及时听取邻居意见，对违规施工人员视其情节轻重分别给予口头或书面警告、停止装修、暂扣装修工具、责令赔偿损失等处罚。

5.3.3　定期巡查装修现场

物业公司应要求业主将"用户室内装修批准书""用户室内装修注意事项"张贴于门上，便于物业管理人员检核和提醒装修人员安全施工。同时，物业管理人员须按规定对装修现场进行巡查，其巡查内容如表 5-3 所示。

表 5-3　装修现场巡查内容

序号	项目	巡查内容
1	隔墙材料	用防水材料或空心砖、轻体墙等（木器必须按规范涂抹市消防局认可的防火漆）
2	天花材料	用防水材料或作防火处理
3	电气线路改动	需套 PVC 管，配电箱内空气开关型号、位置是否正确，出线线径是否合理等
4	地面	检查该业主是否在允许范围内对地面进行改动，如洗手间、厨房等地面改动，必须按规范做好地面防水处理，并通知物业管理处有关人员进行检查
5	墙面	墙面以涂料为主，如贴墙纸则必须是阻燃墙纸
6	给排水管道	给排水管道如有改动，需检查其是否照图施工，材料质量是否符合国家标准，接口部分是否会漏水，是否损坏主管及原有管道
7	空调安装	检查是否在指定位置安装主机，地脚螺栓需加装防震垫片，空调排水不能直接排至户外，需利用厨房、洗手间或阳台地漏排水，主机如需挂墙或搭架安装，需用不锈钢材料
8	大门（入户门）	如更换大门，需提供乙级防火门证明，否则不准更换
9	防盗门	必须选择物业管理处指定的款式，不接受其他款式，防盗门不能超出门框范围而凸出走廊上
10	窗户防盗网（栏）	新加防盗网必须在窗户内
11	外露平台	外露平台如有装修，需查明是否得到物业管理处或开发商批准

5.3.4　对装饰装修违规现象的处理

虽然物业管理人员掌握了业主装修的流程，加强了日常装修巡检，但仍然难以避免个别业主违规装修。这就需要物业管理人员努力与业主沟通，尽量减少重大违规装修现象的出现。违规装修的表现及应对措施如表 5-4 所示。

表 5-4　违规装修的表现及应对措施

违规类别	违规表现	应对措施
结构改动	（1）在承重墙上开门、开孔、做壁橱 （2）改变室内楼梯位置 （3）在室内砌砖墙 （4）在天花板上安装很重的物品 （5）在室内安装阁楼 （6）拆除卧室窗下墙体 （7）在外墙上随意打孔、开门、开窗等	要坚决制止这一类违规装修，必要时可以采取一些非常手段；同时上报相关管理部门共同处理
改变房屋用途	（1）扩大卫生间的门窗尺寸 （2）更改卫生间干湿隔墙的位置 （3）将卧室改为卫生间 （4）将阳台改为洗衣间 （5）将主卧卫生间改为书房或衣柜 （6）改变空调的安装位置 （7）改变燃气、暖气管道等	针对这类违规装修，物业公司应尽量阻止业主改动，告知其应该承担的责任，及可能会对以后的生活带来的不良后果，将改动情况详细记录在档案中，并让业主签字
线路改动及房屋外观改变	（1）破坏卫生间的防水层 （2）上水管道暗铺在地板内 （3）用水泥板和瓷片封闭卫生间和厨房的下水管道且没有预留检修孔 （4）改动主下水管道 （5）改变烟道的开孔位置 （6）将污水管连接到雨水管中 （7）可视对讲移位 （8）改变入户门样式颜色 （9）改变窗户玻璃颜色 （10）随意安装防盗网等	物业公司应尽量阻止业主改动，告知其应该承担的责任，并取消相应的开发商保修期。将改动情况详细记录在档案中，并让业主签字

（续）

违规类别	违规表现	应对措施
破坏环境卫生	（1）装修垃圾没有按照规定放置、清运 （2）污染损坏公用设施设备 （3）噪声污染 （4）高空抛物 （5）空气污染 （6）将装修垃圾倒入下水管道等	一般情况下这类违规是由施工人员造成的，需要护卫部和保洁部的密切配合，做到发现一起就严肃处理一起，必要时可以要求相关人员离开小区，但一定要及时向施工负责人和业主讲明原因，避免产生不必要的误会

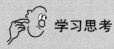 学习思考

1. 请结合本章提供的范本描述装修管理规定有哪些内容？

2. 装修管理的流程包括哪些环节？

3. 物业公司在"装修审批单"上签字前应做哪些工作？

4. 在二次装修管理时应尽哪些告知和督导义务？

5. 如何有效防止装修干扰到其他业主？

6. 装修现场定期巡查重点查看哪些项目？

7. 违规装修有哪些表现，该采取哪些应对措施？

学习笔记

_____

_____

_____

_____

_____

_____

_____

_____

_____

_____

_____

第六章　物业设施设备日常管理

▶ **学习目标**

  1. 能阐述设施设备良好的运行环境要求，能制订合理的运行计划、配备合格的运行管理人员，能组织员工做好运行记录并对运行状态进行分析。

  2. 能说明设备维护保养的类别及各自的要求，能制订物业设施设备保养计划，并组织实施。

  3. 能说明应急维修信息的获得渠道，能实施应急维修，为了确保维修管理的效果能设计完善的"设备报修单"。

导读 >>>

物业设备很多，且大部分设备都需要24小时运行来保障业主的日常生活需要。若无专人做好日常保养，一旦设备出现故障，就会给业主的生活造成极大的不便，也会造成业主满意度下降，业主就可能会以此为由拒缴物业管理费等。另外，经常保养可以延长设备的使用寿命，降低运营成本，所以物业项目经理应重视对设备的日常管理。

6.1 设施设备运行管理

设施设备运行管理是物业管理工作中的重要一环，它是物业公司开展管理活动的基础。

6.1.1 制订合理的运行计划

物业项目经理应根据设施设备的实际情况制订合理的使用计划，包括开关机时间、维护保养时间、使用的条件和要求等方面，如电梯的运行时间、台数和停靠楼层，中央空调机组的开关机时间和制冷量、供应范围和温度，路灯或喷泉的开关时间等。

6.1.2 配备合格的运行管理人员

物业项目经理应根据设施设备的技术要求和复杂程度，配备相应工种的操作者，并根据设备性能、使用范围和工作条件设置相应的工作量，确保设施设备的正常运行和操作人员的安全。

物业项目经理必须采取多种形式对员工进行多层次的培训，培训内容包括技术教育、安全教育和管理业务教育等，目的是帮助员工熟悉设施设备的构造和性能。操作人员经考核合格后，才能独立上岗操作相关设备。供配电、电梯、锅炉运行等特殊工种还须经政府主管部门组织考核通过后凭证上岗。运行管理人员责任分工表如表 6-1 所示。

表 6-1　运行管理人员责任分工表

序号	岗位／职务／姓名	责任区	工作责任划分	备注

审批：　　　　　　　　　　拟制：　　　　　　　　　　归档：

日期：　　　　　　　　　　日期：　　　　　　　　　　日期：

6.1.3　提供良好的运行环境

　　运行环境不但与设施设备的正常运转、减少故障、延长使用寿命有关，而且对操作者的情绪也有重大影响。为此，物业公司应安装必要的防腐蚀、防潮、防尘、防震装置，配备必要的测量、保险、安全用仪器装置，还应有良好的照明和通风设备等。各类不同设备的运行环境的具体要求如下。

6.1.3.1　供配电系统设备房环境要求

（1）高低压配电房

高低压配电房运行环境要求如表 6-2 所示。

表 6-2　高低压配电房运行环境要求

序号	项目	环境要求
1	门	（1）外开，门洞有防鼠防小动物装置，门扇有通风百叶，门内侧装有防火自动垂帘（或其他防火隔断措施） （2）防火门及金属门应保持完好，防腐油漆定期翻新 （3）门外应有明显的标志，如"高低压配电室"或"非值班工作人员严禁入内"

（续）

序号	项目	环境要求
2	墙身	刷白，无施工遗留痕迹。无明显的凹凸不平及挂尘现象。墙身只允许挂"系统图"及"规章制度"
3	天花	刷白，无漏水痕迹、无蜘蛛网
4	地板	可根据实际情况选择以下一种处理方法： （1）水泥地板全部刷灰色地板漆； （2）铺防潮、防滑地砖； （3）用阻燃夹板铺作地板。 上述三种方式都要在距离配电柜 50 厘米处用黄色油漆画上 10 ~ 15 厘米宽的警戒线。在操作范围内铺上对应电压等级的绝缘胶垫

（2）楼层配电室及其他专用配电室（含配电专用管井）

墙身、地板、天花的要求与高低压配电室相同。对穿过楼板的母线槽、电缆桥架必须做好防水浸的拦水基。要有为整个配电室阻水的防水门槛。

（3）备用发电机组机房

地面应做好防尘处理；发电机台架应高于地面，在距离台架 20 厘米处应有黄色的警戒线；发电机组的槽钢底座不应有锈蚀现象；水冷发电机组的台架四周应有完整的排水沟，其宽度不宜超过 15 厘米；发电机组的日用油箱应设在有门的独立房间，门外侧应有明显的"严禁烟火"警示牌；发电机组的启动电池应放置在专用的台架上；发电机房的照明、通风、冷却、泵油设备的用电应接入保护回路，以便发电机组送电后能确保这些设备的运行用电。

6.1.3.2 中央空调系统设备间

中央空调系统设备间运行环境要求如表 6-3 所示。

表 6-3 中央空调系统设备间运行环境要求

序号	设备间类别	环境要求
1	中央空调系统主机房	（1）天花、墙身刷白 （2）应在机房的门、墙及天花做好吸音隔噪措施 （3）地面宜做防尘的油漆处理，并应做好疏水、防水处理 （4）冷却系统、冷冻水系统的管道上应喷上明显的字样，并用不同的颜色标示出其介质流向，如"冷却上水管""冷却回水管""冷冻上水管""冷冻回水管"等字样

（续）

序号	设备间类别	环境要求
1	中央空调系统主机房	（5）所有阀门应挂上由比较耐用的材料做成的标志牌。标志牌内应有对应设备的有关技术数据和在系统内的功能、正常状态下的规定状态等内容 （6）主机台架应高于地面，在"Y"形过滤器及放水阀门位置的地面应有良好的排水明沟 （7）属于冷冻水系统的设备、管道（含冷冻水泵的泵体），其保温效果应该是良好的；冷冻水泵及冷却水泵的泵轴的轴向漏水应有专门的排水通道；泵基础、泵台架应保持清洁、干燥
2	新风机房及空气处理机（风柜）房	（1）设备房门应外开，门槛应为不低于10厘米高的防水地槛；基座四周应设置排水明沟、地漏完好；新风进口、回风百叶应洁净无尘 （2）设备房内的维修照明完好，应设有维修用的专用插座
3	二次冷冻泵及热交换器机房	要求同中央空调系统主机房
4	排风机房	（1）机身应喷涂防锈漆（对于非镀锌机件） （2）风机机座和风管支撑件均要作防潮防腐处理，用水泥制作的机座墩应用专用的地板漆进行覆盖 （3）应悬挂排风机的标志牌（包括技术数据、功能、状态等内容） （4）设备和设备附件及房间的墙身、天花应保持清洁、干燥
5	露天的加压送风机及排烟风机	（1）露天的加压送风机及排烟风机在有条件的情况下，应加装防雨篷架 （2）机身应喷涂防锈漆和外层保护漆（建议银灰色）。对风机机座和风管支撑件均要作防水防腐处理 （3）在适当的位置上悬挂标志牌（包括技术数据、功能、状态等内容） （4）设备和设备附件应保持清洁、干燥 （5）带电、旋转部件、进（出）风口应有安全警示标志

6.1.3.3　给排水系统设备间

给排水系统设备间运行环境要求如表 6-4 所示。

表 6-4 给排水系统设备间运行环境要求

序号	设备间类别	环境要求
1	生活水泵房	（1）生活水泵房的天花、墙身刷白（如泵房噪声对外界有干扰，应安装吸音设施） （2）房内不准放置杂物；照明良好，并有应急灯装置 （3）门扇为外开防火门；地面做好防滑、防水处理 （4）水泵基座应高于地面，基座周围应有通至地漏或集水井的排水明沟 （5）泵房内管道应喷上防腐油漆，并用箭头标明水流方向。阀门应挂上用耐用材料做成的标志牌，标志牌应标明该阀门处于正常工作状态 （6）水泵的泵体、电机外壳支架和水泵的电源箱（柜）或控制柜的保护油漆面应保持良好，不应有锈蚀。电机的表面油漆不宜加厚，避免造成散热不良
2	减压阀房	（1）减压阀房的天花、墙身刷白；房内不准放置杂物，且照明良好；门扇为外开门，应设置不低于 10 厘米高的防水门槛；地面做好防滑、防水处理，地面应有通至地漏的排水明沟 （2）减压阀阀体油漆应保持良好，不得有锈蚀，并挂上由耐用材料做成的标志牌。标志牌上要标明阀前压力和阀后压力等重要技术指标；在阀前或阀后压力表中设定值的位置上用红油漆画上明显的警戒红线 （3）减压阀房内管道应喷上防腐油漆，并注明水流方向
3	水表房	（1）水表房的天花、墙身刷白；不准放置任何杂物，且照明良好；门扇完好，门前不应放置障碍物 （2）水表房内所有阀门无漏水现象；水表油漆良好无锈蚀；在管道上应喷有水流流向的箭头 （3）水表面板上无积尘；表内数字清晰易读
4	楼层管井房	（1）管井照明灯具完好；管井门为外开防火门，无破损，门板油漆保持良好；门闩、门锁完好；水管井应设置不低于 10 厘米高的防水门槛 （2）地面整洁，无杂物；管道支架上没有施工遗留的施工垃圾；做好防腐油漆；管道卡码完好；金属管道的防腐油漆覆盖完好并有正确的分色 （3）各类阀门完好，无漏水、锈斑；压力表计显示清晰、正确

（续）

序号	设备间类别	环境要求
5	排污泵房	（1）排污泵房的集水井应有可站人的铁栅上盖。铁栅应保持油漆覆盖，不应有锈蚀 （2）集水井内应无废胶袋、木块等杂物 （3）控制电箱整洁无尘，并能正常工作 （4）液位控制器上不附着杂物 （5）阀门上应挂状态标志牌

6.1.3.4　消防系统设备间

消防系统设备间运行环境要求如表 6-5 所示。

表 6-5　消防系统设备间运行环境要求

序号	设备间类别	环境要求
1	消防中心	（1）门：外开，金属门应保持完好，防腐油漆定期翻新；门外应有明显的标志，注明"消防中心""非值班工作人员严禁入内" （2）墙身：洁白，无施工遗留的痕迹，无明显凹凸不平及挂尘的现象；墙身只允许悬挂"规章制度""操作规程""紧急事故处理程序"等标志 （3）地板：无垃圾、无积尘 （4）高台板及地沟：线路铺设整齐；地板下或地沟内无施工遗留痕迹，无施工垃圾、无杂物、无尘土；地板盖平整完好 （5）天花：洁白，无漏水痕迹、无蜘蛛网 （6）严禁堆放杂物，以保证在紧急情况下有足够的活动空间 （7）报警主机后面的维修通道应保持畅通 （8）所有设备的柜顶、柜内无积浮尘，不得在机柜内放置一切与运行设备无关的杂物 （9）各分类末端设备的电源插座应安装为永久的、容量足够的固定插座。不宜用电源拖板代替，更不得一个电源拖板带三个以上的末端设备；电池组表面应保持清洁，箱体完好，无生锈 （10）照明：应急灯齐备完好，室内照明应保持足够的光照度
2	气体灭火设备间	（1）气瓶间严禁堆放杂物 （2）门：门铰无松动、门锁完好、门外应有明显标志（如"BTM气瓶间"）

（续）

序号	设备间类别	环境要求
2	气体灭火设备间	（3）墙身：洁白，无挂尘现象；只允许悬挂"操作规程"等标志 （4）地板：无施工留下的垃圾、积尘 （5）天花：洁白，无蜘蛛网 （6）气瓶组：瓶体支架无积尘、无生锈；压力表清晰，抄读方便；管网上不得挂其他物件；管道及其支架油漆无剥落、无生锈；对应瓶体上的适当位置应悬挂该气体瓶"保护范围"的标志牌 （7）照明：应急灯齐备完好，室内照明无故障 （8）附属设备：报警主机、联动屏、紧急广播控制屏、供电设备电源箱及箱顶、箱内无积尘；箱体完好，无生锈；箱内走线有序、不凌乱
3	消防水泵房	（1）加压水泵、气压罐、湿式报警阀底座无松动、无泄漏；泵体、气压罐身、地脚螺丝无生锈、无脱漆；悬挂标有技术参数的标志牌 （2）闸阀：明杆加黄油,无渗漏、无生锈；闸阀悬挂标有"功能""状态""技术参数""上级阀门位置"等内容的标志牌 （3）管道：油漆无剥落；标有工作介质流向指示 （4）控制箱：无积尘，外表无缺陷、无生锈；功能标示清楚；指示灯、电流表、压力表无故障；表面清晰便于抄读；箱内走线有序，不凌乱
4	室外消火栓等设备	（1）水泵接合器房：门无破损；门铰无松动；门锁完好；门外有"消防水泵接合器"标志牌 （2）水泵接合器：无渗漏、配件齐全；防腐油漆无剥落；接合器上悬挂供水楼层范围标志牌；设备房内严禁堆放杂物 （3）室外栓：防腐油漆无剥落；配件齐全；周围三米范围内没有阻挡物和障碍物

6.1.3.5 电梯设备间

电梯设备间运行环境要求如表6-6所示。

表6-6 电梯设备间运行环境要求

序号	设备间类别	环境要求
1	电梯机房	（1）电梯机房的天花、墙身刷白，无漏水、渗水现象；地面用专用地板漆刷漆（灰色）或铺防潮、防滑地砖；控制柜、主机周围画黄色警戒线

（续）

序号	设备间类别	环境要求
1	电梯机房	（2）门外开，并有锁紧装置；门上应有"电梯机房""机房重地，闲人免进"等明显标志 （3）机房内不应存放无关的设备、杂物和易燃性液体，并应设置手提灭火装置 （4）机房内应有良好通风，保证室内最高温度不超过 40℃。当使用排风扇通风时，如安装高度较低时，应设防护网。曳引绳、限速器钢丝绳、选层器钢带穿过楼板孔四周应筑有不低于 10 厘米高的永久性防水围栏 （5）主机上方的承重吊钩不应有锈蚀现象，刷黄色油漆，并在吊钩所在的承重梁上用永久的方式标明最大允许载荷 （6）盘车工具齐全，并应挂在对应主机附近的墙上，便于取用。在盘车的手轮或电机的后端盖易于看到的位置，用明显的箭头标出盘车轮的转动方向与轿厢运动方向一致的标志 （7）电梯机房内应设有详细说明，指出当电梯发生故障时应遵循的解救操作规程，包括电梯困人的解救步骤 （8）当同一机房内设置有数台曳引机时，各主开关与照明开关均应设置标明各开关对应的电梯编号及对应控制设备名称的标牌
2	轿厢	（1）轿厢照明正常，天花及地板清洁无破损。风扇运行可靠且无噪声和异常振动；操作面板、电话、对讲机、监视器、应急灯、警铃、超载报警等均使用良好 （2）轿厢应挂有标明本梯限载的标志牌、安全使用电梯规则，并有质量技术监督部门颁发的在有效期内的年检合格证 （3）厅门和轿门地坎的导槽应保持清洁，做到无杂物、无沙砾

6.1.3.6 通信设备机房

（1）通信总机房

通信总机房运行环境要求如表 6-7 所示。

表 6-7　通信总机房运行环境要求

序号	设备间类别	环境要求
1	通信交换机机房	（1）机房内应该设有两扇对外出入的门。如其中一扇门在正常情况下关闭，另一扇门上方就应有明显的标志，如"通信交换机机房""机房重地，闲人免进""非值班工作人员严禁入内"；交换机房内应悬

（续）

序号	设备间类别	环境要求
1	通信交换机机房	挂"室内禁止吸烟""交换机房管理规定"等标志牌 （2）进入机房应换上机房配备的专用拖鞋 （3）地板应为专用的防静电地板；防静电地板上应无施工遗留的痕迹，并保持干燥；地板下铺设的管线应整洁有序 （4）应安装专用空调，使室内始终保持在一定的温度及湿度范围内，并保持良好的通风状态 （5）室内的墙身及天花上无渗漏水痕迹、无蜘蛛网 （6）机房在地下室内的墙身及地板上无渗水现象 （7）机房内的照明应保持良好状态 （8）机房内不应堆放无关的杂物，但应按要求配备灭火器
2	通信机房内的电源室	（1）门外应有"通信机房电源室"的标志 （2）室内要保持干燥，并在规定的温湿度范围之内 （3）墙身及地面、天花无渗漏水现象 （4）电池组应放置在专用的电源架上，并保持清洁 （5）室内禁止堆放任何杂物 （6）按要求配备手提灭火器
3	话务员室	（1）门外应有"话务员室""非工作人员严禁入内"标牌；使用向外开的防火门 （2）安装专用空调确保室内保持一定的温度及湿度，并保持良好的通风状态 （3）地面、墙身、天花应无渗水漏水的痕迹并无蜘蛛网 （4）墙身应挂上"话务员职责"等规章制度 （5）室内应按要求配备灭火器

（2）通信管井房

①门洞应有不低于15厘米高的防水门槛；门向外开，使用防火门；门外应有"通信管井房"标志。

②地板应用水泥砂浆铺平并涂上专用的防尘地板漆；墙身应用白色涂料刷白；通过楼板的管线孔洞应采用柔性填充材料进行密封。

③通信电缆应固定在管井内的支架上；每一层的管井房内如有配线架，应在该配线架上标明每对线的编号。

④井房内应有足够的照明并配置维修专用插座。

6.1.3.7 楼宇自控（BA）系统及保安监控系统设备间

（1）门外应有"控制中心机房""非值班人员严禁入内"等标志牌；室内应有禁烟标志牌；防火门应向外开，定期使用专用油漆刷新。

（2）使用专用防静电地板的机房，地板上应无施工时期遗留的痕迹，并且无渗水、潮湿等现象；地板下铺设的管线应分别用标牌标明；线管内的各类信号线、电源线应整洁有序。

（3）墙身及天花无渗水、漏水的痕迹。

（4）使用专用的空调，确保室内始终保持在一定的温、湿度范围内，并保持良好的通风状态。

（5）墙上应悬挂自动控制的模拟屏或相关系统的系统图。

（6）不间断电源（UPS）的电池表面清洁、无灰尘；现场应有有关电池电量的测量记录。

（7）自控系统用的电脑、打印机应保持良好的状态；机内外整洁干净，无浮尘。

（8）保安监控系统的主机设备应保持良好的状态，设备上无灰尘；电源线、信号线整齐，并做好分类。

（9）室内及所有机柜内禁止放置无关杂物。

（10）室内按规定配备灭火器。

6.1.4 建立健全必要的规章制度

（1）实行定人、定机和凭证操作设备制度，不允许无证人员单独操作设备。对多人操作的设施设备指定专人负责。

（2）对于连续运行的设施设备，可在运行中实行交接班制度和值班巡视记录制度。

（3）操作人员必须遵守设施设备的操作和运行规程。

6.1.5 做好运行记录

当班运行人员要认真记录并签名，每月由系统工程师对其运行记录、各类统计表格进行审核并签字。

6.1.6 对运行状态进行分析

物业公司应对物业设施设备的运行状态进行分析，具体的分析时间、周期与人员、分析人员如表 6-8 所示。

表 6-8　物业设施设备运行状态分析

序号	设备系统	分析时间、周期与人员	分析内容
1	高低压配电	每年年末到次年 1 月前，由供配电系统的工程师对本年度的系统运行情况进行技术分析，提交"系统运行分析报告"	（1）全年平均载荷、各台变压器的运行时数、总用电量、重点用电回路的用电总量、全年低压端平均线电压、全年平均气温、全年高低压配电设备的故障率（从高压进线开始到低压配电柜出线端止的设备） （2）系统运行的主要技术特点 （3）出现故障的主要原因 （4）对全年系统运行的评价 （5）根据当年的系统运行情况提出来年运行管理的预测性意见
2	中央空调系统	月末、季末、年末，由中央空调系统的工程师对本年度的系统运行情况进行技术分析，提交"系统运行分析报告"	（1）能源统计分析。对空调主机（条件许可时，按空调系统进行统计）的日、月、年的用电、用水情况进行统计并与往年同期（含气温、物业的入住率等约束条件）进行比较 （2）运行指标分析（成本核算）即单位能耗成本计算 （3）系统故障、事故统计分析 （4）温、湿度统计（室内外），即对本年度的日、月、年的温湿度进行统计，为能源统计分析、运行指标分析提供依据 （5）负荷运行统计与预测分析，即根据各年度的能源统计、运行指标、温湿度统计、使用率等基础数据提出来年的空调系统运行方式和运行曲线 （6）系统运行综合评价
3	给排水系统	每年年末到次年 1 月前，由给排水系统的工程师对本年度的系统运行情况进行技术分析，提交"系统运行分析报告"	（1）全年用水量统计，各分表用水量统计，与往年比较，采用了何种节水措施，效果如何 （2）全年出现故障的主要原因分析 （3）对压力管道壁的测厚要进行逐年对比，做出管道壁厚度变化的趋势分析 （4）对全年系统运行的评价 （5）根据全年的系统运行情况提出来年运行管理的预测性意见

（续）

序号	设备系统	分析时间、周期与人员	分析内容
4	消防系统	每年一次对消防系统的运行情况进行分析。每年12月到次年1月，消防系统的工程师应根据以上测试数据，对系统的全年工作情况进行评定	（1）根据系统主机的正常运行与故障情况的对比，评定系统的可靠性 （2）根据所测的电源电压评估是否符合系统要求 （3）根据所测的绝缘电阻评定设备正常与否 （4）根据自动报警主机的打印报告，评定探测器报警的准确率，从而评定探测器正常与否 （5）根据所测的水压评定系统正常与否 （6）根据各种联动设备手/自动的检测结果，评定系统正常与否
5	电梯及提升设备	每个季度及每年，要求电梯保养公司对本年度小区电梯的系统运行情况进行技术分析，提交"系统运行分析报告"	（1）全年电梯运行的故障率（%）=故障停梯时间÷必须确保正常运行时间×100% （2）分析该时段系统运行的主要技术特点 （3）分析该时段出现故障的主要原因 （4）对全年系统运行进行评价 （5）根据今年的系统运行情况提出来年运行管理的预测性意见
6	楼宇自控系统及保安监控系统	每年1月，由该系统的工程师对上年度的系统运行情况进行分析，提交"系统运行分析报告"	（1）全年由自控系统控制的中央空调系统的运行时间 （2）全年自控系统及系统运行的故障率 （3）系统发生故障的主要原因及解决办法 （4）系统运行的主要技术特点 （5）存在的问题及解决办法 （6）对全年系统运行情况进行综合评价 （7）根据该系统去年全年的运行情况，提出当年运行管理的意见；针对该系统存在的缺陷，提出预防措施，以及系统升级的建议及意见

6.2　设施设备维护保养管理

6.2.1　设备维护保养的类别

设备维护保养的类别主要包括维护保养和计划检修。

6.2.1.1 设备的维护保养

维护保养主要是做好设备的日常维护保养和定期维护保养工作。主要方式是清洁、紧固、润滑、调整、防腐、防冻及外观表面检查。其实施内容如表 6-9 所示。

表 6-9 维护保养工作的实施要领

序号	类别	管理要求	保养实施要求
1	日常维护保养工作	长期坚持，并且做到制度化	设备操作人员在班前对设备进行外观检查；在班中按规程操作，定时巡视记录各设备的运行参数，随时注意运行中有无震动、异响、异味、超载等现象；在班后做好设备清洁工作
2	定期维护保养工作	根据设备的用途、结构复杂程度、维护工作量及维护人员的技术水平等，决定维护的间隔周期和停机时间	需要对设备进行部分解体，应做好以下工作： （1）对设备进行内、外清扫和擦洗； （2）检查运动部件转动是否灵活，磨损情况是否严重，并调整其配合间隙； （3）检查安全装置； （4）检查润滑系统油路和过滤器有无堵塞； （5）检查油位指示器，清洗油箱，换油； （6）检查电气线路和自动控制元器件的动作是否正常等

6.2.1.2 设备的计划检修

计划检修是根据正在使用的设备的运行规律及点检结果确定检修周期，以检修周期为基础编制检修计划，对设备进行积极的、预防性的修理。计划检修工作一般分为小修、中修、大修和系统大修四种，如表 6-10 所示。

表 6-10 计划检修工作的分类及其内容

序号	类别	主要内容	备注
1	小修	清洗、更换和修复少量易损件，并作适当的调整、紧固和润滑工作	一般由维修人员负责，操作人员协助
2	中修	在小修的基础上，对设备的主要零部件进行局部修复和更换	主要由专业检修人员负责，操作人员协助工作

（续）

序号	类别	主要内容	备注
3	大修	对设备进行局部或全部的解体，修复或更换磨损或腐蚀的零部件，尽量使设备恢复到原来的技术标准；也可对设备进行技术改造	主要由专业检修人员负责，操作人员协助工作
4	系统大修	对一个系统或几个系统甚至整个物业设备系统停机大检修，通常将所有设备和相应的管道、阀门、电气系统及控制系统都安排在系统大修中进行检修	所有相关专业的技术管理人员、检修人员和操作人员都要按时参加、积极配合

6.2.2　物业设施设备的保养计划

制订设施设备维护保养计划包括以下内容。

6.2.2.1　制订维护保养计划的准备工作

制订维护保养计划的准备工作内容如下。

（1）确定需要保养的设备。物业项目经理应该按照设备系统的分类建立设备档案。通过设备档案全面了解设备现状并制订相应的保养计划。

（2）确定保养工作的内容。要根据设备运行状态确定保养工作的内容，主要基于以下两个方面：其一，设备供应商及国家法律规定必须保养的内容；其二，设备的运转情况，尤其是设备出现故障的信息，这是制订设备保养计划时要重点关注的内容。

6.2.2.2　制订设备维护保养计划

设备维护保养计划并不是一张简单的计划表，它是设备维护保养的框架，是一系列的计划。年度保养计划需要分解为每日、每周的计划，并对工作内容进行细化。设备维护保养计划可以根据管理要求制订，形式是多样的，但必须包含以下内容。

（1）设备维护保养周期结构

设备维护保养周期结构是指设备在一个修理周期内，一保、二保、大修的次数及排列顺序。修理周期是指两次大修理之间或新设备开始使用至第一次大修之间的时间。图6-1是一个设备维护保养周期的典型结构形式。

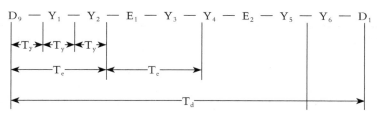

D_9 :	新设备开始使用	Y_n :	第n次一保	E_n :	第n次二保
D_1 :	第一次大修理	T_y :	一保间隔期	T_d :	大修理间隔期
T_e :	二保间隔期				

图 6-1　设备维护保养周期结构

（2）设备保养间隔期

设备保养间隔期是指两次维修保养之间的间隔时间。一保间隔期是指两次一级保养或新设备投入使用后至第一次一级保养、一级保养与二级保养之间的间隔期，如图 6-1 中的 T_y 所示。二级保养间隔期是指二级保养或新设备投入使用至第一次二级保养之间的时间间隔，如图 6-1 中的 T_e 所示。大修理间隔期是指新设备投入使用后至第一次大修理之间或两次大修理之间的间隔期，如图 6-1 中的 T_d 所示。

有些设备的运行与季节有关，例如，用于中央空调的制冷机，一般在气温高于26℃的季节运行。因此，制订这些设备的维护计划除了要考虑设备本身的磨损规律外，物业公司还应结合它们的使用情况予以考虑，即制冷机的定期维护保养应安排在不运行期间。

（3）维修内容

针对设备的定期保养，无论是一保、二保，还是大修，都必须制定详细的工作内容，特别要注意参考日常维护保养中发现、记录的异常情况，在设备大修时更要详细列出维修内容与具体维修项目。

（4）设备维护保养工作定额

设备维护保养工作定额包括工时定额、材料定额、费用定额和停歇天数定额等。设备维护保养工作定额是制订维护保养计划、考核各项消耗及分析维护保养活动经济效益的依据。

以下列举某物业公司房屋配套设施定期保养计划（如表 6-11 所示），供物业项目经理制订计划时参考。

表 6-11　房屋配套设施定期保养计划

序号	设施名称	维修计划	实施方案	检验标准	备注
1	上下水管道及相关阀门、配件（含洁具）	（1）每两年给各类管道及阀门刷防锈漆1次 （2）每半年阀门上油保养1次	工程班负责组织巡查、维修和检验	（1）管道通畅，无渗漏现象 （2）阀门配件无跑、冒、滴、漏现象 （3）完好率达到99%	
2	落水管	每半年保养1次，每年检修1次，每十年大修1次	工程班负责巡查、维修和检验	（1）正常通畅 （2）完好率达到99%	夏季
3	消火栓及灭火器材等	（1）消火栓及管道每年试验1次，每半年全面检修1次，五年中修1次，10年大修1次 （2）灭火器材每季度检查1次，每年检测1次	工程班负责组织巡查、维修和检验，公司本部负责抽查、检验	（1）平常处于良好状态，使用时能正常发挥作用 （2）整齐有序、卫生清洁	
4	公用标志	每季度清洗1次，每四年中修1次	保洁班负责巡视检查	（1）标志清晰、美观、安装牢固 （2）完好率达到99%	
5	防雷系统	每年进行1次接地测试，每年检修1次	工程班或专业队伍完成	（1）接地阻值符合规定 （2）完好率达到100%	
6	公共照明	每季度进行1次配电箱除尘	工程班负责维修及检验	运行正常，并达到使用标准	
7	各种水泵	（1）每季度注油1次 （2）每周检查轴封情况 （3）消防泵每月试动作1次 （4）电控柜每季度除尘1次	工程班负责维修和检验	（1）保证使用运转正常 （2）外观整洁	
8	生活水箱	（1）每年两次检测水质是否达标，每季清洗1次 （2）消毒灯管8 000小时更换1次	工程班负责维修和检验	（1）保证使用正常 （2）水质达标 （3）外观整洁	

（续）

序号	设施名称	维修计划	实施方案	检验标准	备注
9	热力站	（1）每年交换器除垢、压力温度表检测1次 （2）每月泵加油 （3）每季度对配电柜清理1次	工程班负责维修和检验	（1）各种设备运转正常 （2）温度达到设计标准	供暖期间
10	电梯	每月1次：铰接处加油；机房、轿厢底坑除尘、清洁；测试安全系统动作、抱闸工作系数；紧固锁紧部件	公司运行部负责维修和检验	门机开启灵活，活动部件运转自如；机房卫生、清洁；控制柜散热良好；底坑、轿顶清洁	
		每两个月1次：油盒加油；紧固各接线端子及插头	公司运行部负责维修和检验	润滑良好，动作灵活可靠	
		每半年1次：更换齿轮油；更换液压油；清理钢丝绳；各注油孔注油	公司运行部负责维修和检验	润滑良好，磨损正常	
		每年1次：检查部件磨损、润滑情况，检查各安全回路；全面保养；技术监督局年检	公司运行部负责维修和检验	润滑良好，磨损正常，运行正常	
11	电饮水器	（1）每半年除垢清洁1次 （2）每两个月检测电控系统1次，工程部负责维修及检验	公司工程部负责维修及检验	（1）饮用水清洁卫生，无水碱 （2）电气元件工作正常	

6.2.3　实施物业设施设备的保养计划

如果没有特殊情况发生，物业公司应该按照维护保养计划实施设备维护保养。在开始前，要对工作进行分解，准备好相关材料，保养后要进行验收和记录。保养记录的内容包括保养项目、保养标准、保养频度、保养周期、保养情况记录、审核情况及各参与人签名。

6.3 应急维修的管理

尽管前文强调了通过加强设备的计划维修可以确保设备的正常运行，但是物业公司工程部仍面临着应急维修的管理问题。从某种角度看，对应急维修的处理反映了工程部的工作效率。应急维修的工作效率由以下两部分构成：

（1）及时获得需要维修的设备信息；

（2）对需要维修的设备尽快实施维修工作。

6.3.1 获得设备维修信息

设备维修信息的获得是设备维修管理的重要环节。一般来说，根据发现设备故障的不同途径，设备维修信息的获得主要有三种途径。

6.3.1.1 业主电话报修

业主拨打物业服务电话报修，物业人员在接电话的同时，在电脑后台界面输入业主房号，查看业主的信息，补充业主的报修内容，填写报修类型、是否收费等，形成一张工单，当然也可以注明客户预约的上门时间等，填写完成保存即生成了一张"待分配"的工单，进入工单池。这种物业报修方式的优点是能接收电话报修，对于不会使用手机的老年人比较适合；缺点是没有现场照片。

6.3.1.2 业主通过物业公司的微信公众号发起报修

业主查找和点开物业公司的微信公众号，进入主界面，点"报事报修"，进入报修页面，描述报修原因，拍照提交就完成了一个报修。系统会在后台根据信息自动生成一张报修工单，进入"待分配"的工单池。这种报修方式比较简单方便，还有图片，但是信息可能不是很全面（如图6-2所示）。

图 6-2　业主通过物业公司的微信公众号发起报修

6.3.1.3　内部员工日常巡查 App 报修

这种报修方式是由物业公司员工发起的，员工日常巡查的时候如果发现问题，直接打开工作 App，通过拍照新增一个工单，填写对应的信息，完成一个工单报修，提交后也可以在后台自动生成一个工单。这种报修方式也很简单，信息比较全面，便于随时发现问题，随时生成报修工单（如图 6-3 所示）。

6.3.2　实施设备维修

设备维修的实施有如下两种情况：

（1）当设备存在故障时，由物业管理处的内部维修人员自行修理；

（2）委托外修，由专业公司的维修人员来维修。

图 6-3　内部员工日常巡查 App 报修

6.3.3　设计"设备报修单"

"设备报修单"的设计对设备维修管理有着重要的意义，因此报修单的设计直接影响到维修管理的效率。

"设备报修单"至少应包含以下三个方面的内容。

6.3.3.1　设备故障的基础信息

设备故障的基础信息要反映故障设备所在的位置或部门、故障情况描述以及发生故障的时间，这三项内容是设备故障发生部门必须填写的。在此基础上，"设备报修单"可以增加一个栏目，即设备故障的原因分析，这一栏由工程部的维修人员填写。

6.3.3.2　材料信息

维修使用的材料应有相关的记录。工程部的二级仓会有材料进出记录，但材料究竟用在哪里不确定，因为材料的进出和使用是分离的，通过"设备报修单"将材料和维修工作联系起来，可以有效控制材料的使用。

6.3.3.3　维修工作信息

维修工作信息主要记录维修人、维修时间及维修质量。维修时间可以预先做出计划，这样有助于控制维修工作的进程。

为此，"设备报修单"（如表6-12所示）应该包括三联：一联在仓库，一联在工程部，一联在报修部门。三联单分别进行整理、统计和归档。

表 6-12　某工业园区物业设备报修单

物业公司填写	申请用户名称		申请部门	
	申请日期		申请人姓名	
	申请急缓程度		期望完成时间	
	对接联系人		对接联系电话	
	是否需要指定人员	□不需　■需要（□崔工　□张工　□夏工）		
	维修区域			
	申请维修项目：			
	申请用户领导意见		申请用户盖章确认	

（续）

	接单时间		接单人签名	
物业公司填写	派出时间	年 月 日 星期 时 分	派出人员	□崔工 □张工 □夏工
	维修情况纪要	维修内容		
		更换材料纪要		
	费用核算：			
	物业审核		物业审批	
用户填写	物业人员到达 维修点时间		物业人员完成 任务时间	
	申请用户对物业工作人员完成情况满意度调查			
	□满意	□一般	□不满意	
	不满意原因			

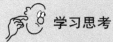 学习思考

1. 运行计划的内容是什么?

2. 合格的运行管理人员应具备哪些条件?

3. 请描述各类不同专业设备的运行环境的具体要求。

4. 请简述对物业设施设备的运行状态进行分析的时间、周期与人员。

5. 设备维护保养的类别有哪些,具体有什么要求?

6. 制订维护保养计划的准备工作有哪些?

7. 设备维护保养计划形式是多样的,但必须包含哪些内容?

8. 设备维修信息的获得主要有哪三种途径?

9. "设备报修单"至少应包含哪三个方面的内容?

学习笔记

_____

_____

_____

_____

_____

_____

_____

_____

_____

_____

第七章　物业项目安全维护

▶ **学习目标**　　1. 能说明门卫、守护和巡逻工作的安排要点，能阐述护卫员的培训内容，能组建物业安保机构，能定岗定员地配备护卫员，能制定和完善安全护卫制度，善于处理突发事件。

　　2. 能阐述物业车辆安全管理的要求，能制定各项管理规定，实施道路交通管理和停车场管理。

　　3. 能说明消防安全管理的措施及要求，制定物业管理处灭火自救应急组织指挥流程，确定消防设备巡查的内容及频次、消防档案应包括的内容，能够明确本公司的消防队伍的人员组成，开展消防宣传培训，建立消防档案，组织消防检查巡查和消防演习。

导读 >>>

作为物业项目管理中最重要的一环，安全管理也是其最大的一项业务。因为只有安全第一才能保证小区正常运行，所以安全防范与管理是物业项目经理的工作重点。

7.1　安全护卫管理

为了做好物业区域的安全护卫工作，物业项目经理必须从以下几个方面着手。

7.1.1　建立物业安保机构

要确保物业安全管理工作得以顺利开展，物业项目经理必须设置一个安全保卫组织机构，该机构在不同的公司有不同的叫法，有的叫保安部，有的叫护卫部，也有的叫安全部，本书统称之为保安部。

由于物业公司为业主提供 24 小时安全保卫服务，所以，项目经理必须考虑保安班组的设置问题。保安部的班组设置与其所管理物业的类型、规模有关，通常物业面积越大、物业类型及配套设施越多，班组设置就越多、越复杂。其中，安全巡逻班根据监视区域责任可划分为多个班组，每个班组又根据 24 小时值班的需要，安排 3 ～ 4 个保安员轮换值班。

7.1.2　配备保安员

物业项目经理应根据所管辖物业的区域大小和当地社会治安情况，配备相应数量的保安员 24 小时值班。以下提供某物业管理处的保安员定岗定员表（如表 7-1 所示），供物业项目经理配备保安员时参考。

表 7-1 保安员定岗定员表

岗位	第一幢	第二幢	岗位 × 班次	定员数	备注
大堂	1	1	2×3	6	
岗亭			2×3	6	
班长			1×3	3	带班巡逻
汽车库岗			2×3	6	
单车库岗			1×3	3	
巡逻			1×3	3	包括车场
合计				27	

7.1.3 明确重点护卫目标

物业项目经理必须非常熟悉所辖物业区域的重点护卫目标，并记录在案，且在保安员培训工作中再三强调，让所有保安员做到心中有数。门卫、守护和巡逻的工作安排要点如表 7-2 所示。

表 7-2 门卫、守护和巡逻的工作安排要点

序号	方面	要求
1	门卫	（1）一般设置在商住小区或商业大厦的进出口处 （2）门卫保安员的主要职责：严格控制人员和车辆进出，对来访人员实行验证登记制度；对携带物品外出实行检查制度，防止财物流失，并维护附近区域秩序；防止有碍安全和有伤风雅的事件发生 （3）门卫实行 24 小时值班制
2	守护	（1）对特定（或重要）目标实行实地看护和守卫活动，如一些重点单位、商场、银行、证交所、消防与闭路电视监控中心、发电机房、总配电室、地下车库等 （2）根据守护目标的范围、特点及周围环境确定适当数量的哨位 （3）守护哨位的保安员要熟悉下列事项：守护目标的情况、性质特点；周围治安情况和守护方面的有利、不利条件；有关制度、规定及准许出入的手续和证件；哨位周围的地形及设施情况；电闸、消火栓、灭火器等安全设备的位置、性能和使用方法，以及各种报警系统的使用方法等

（续）

序号	方面	要求
3	巡逻	在一定区域内有计划地巡回观察以确保该区域的安全 （1）巡逻的目的：一是发现和排除各种不安全因素，如门窗未关好、各种设施设备故障和灾害隐患，值班、守护不到位或不认真等；二是及时处理各种违法犯罪行为 （2）巡逻路线一般分为往返式、交叉式、循环式三种，无论采用何种方式都不宜固定。上述三种方式也可交叉使用，这样既便于实现全方位巡逻，又可防止坏人摸到规律 （3）安排巡逻路线时，一定要把重点、要害部位及多发、易发案地区放在巡逻路线上。这样便于对重点、要害部位加强保卫，从而有效打击犯罪分子

7.1.4　完善区域内安全防范设施

物业公司的治安管理除了依靠人力，还应注重技术设施。因此，物业项目经理应根据物业公司的财力与管理区域的实际情况，配备必要的安全防范措施。例如，在商住小区四周修建围墙或护栏；在重要部位安装防盗门、防盗锁、防盗报警系统；在商业大厦内安装闭路电视监控系统和对讲防盗系统等。

7.1.5　定期对保安员开展培训工作

坚持不懈地开展培训工作，是提高保安员治安防范能力的重要途径。物业项目经理不仅在招聘保安员时要对其技能、素质严格把关，更要将培训工作当作常规事务来抓。

7.1.5.1　保安员的培训内容

保安员的培训主要包括岗前培训和在岗培训，主要内容如表7-3所示。

表7-3　保安员的培训内容

序号	类别	具体内容
1	岗前培训	（1）公司的基本情况，如公司的发展史、组织机构、规章制度 （2）《治安管理条例》《物业管理条例》等相关法律知识 （3）公司内部的各种管理制度，包括员工守则、工作纪律、人事管理规定、门卫制度等

（续）

序号	类别	具体内容
1	岗前培训	（4）所辖物业区域的基本情况，如小区的布局、功能及监控、消防等情况 （5）警具的配备、使用和保管规定；对讲机的使用、管理规定；治安、消防、急救的电话号码 （6）职业道德教育、文明礼貌用语、服务规范用语等 （7）发生治安、火灾等紧急情况的处理办法；装修期间防火、治安、卫生管理的规定 （8）军训，主要是队列训练
2	在岗培训	（1）认真学习公司制定的"治安工作手册"的内容，包括职责权限、规章制度、工作程序及规范、标准等 （2）常规队列训练 （3）简单擒拿格斗训练 （4）体能训练 （5）消防灭火训练 （6）交通指挥训练 （7）有关精神文明内容的学习

7.1.5.2 制订保安员培训计划

物业项目经理在制订计划前一定要先评估培训内容，以确定是否有培训的需求、期望的工作绩效（培训结果）。保安员培训计划的内容包括：

（1）培训内容；

（2）培训时间；

（3）培训地点；

（4）培训师；

（5）培训方式和培训费用。

7.1.5.3 定期对保安员进行考核

如果对保安员进行了培训，要知道培训预期是否达成了，就需要进行考核。物业项目经理必须制定一份考核标准，定期对保安员进行考核，并将考核结果作为奖惩、晋升的依据。

7.1.6　做好群防群治工作

7.1.6.1　密切联系辖区内住户，做好群防群治工作

物业治安管理是一项综合性的系统工程，要保证物业设施设备的安全使用和用户的人身财产安全，仅靠物业公司的保安力量是不够的。所以，物业项目经理必须想办法把辖区内的住户发动起来，强化住户的安全防范意识，并建立各种内部安全防范措施。

7.1.6.2　与周边单位建立联防联保制度

与小区周边单位建立联防联保制度，与小区所在地公安机关建立良好的工作关系，也是物业公司开展安全护卫工作的重要手段。因此，物业项目经理应该积极地与相关部门联系、沟通。

7.1.7　制定和完善安全护卫制度

物业项目经理应根据所辖物业的实际情况制定各项安全护卫制度，如"保安员值班岗位责任制""门岗值班制度""保安员交接班制度""保安员器械使用管理规定"等。

7.1.7.1　保安员管理规定

人们往往通过保安员的形象来对物业公司形成一个直观的印象，所以，物业项目经理应利用制度规范保安员的权限、纪律、着装等，并在实际工作中坚决执行。

7.1.7.2　保安员巡逻签到制度

巡逻是安全工作的一项重要措施，其目的是全方位巡查管理区域，保证小区的安全，维持良好的生活秩序。然而，如何确保巡逻岗保安员按要求进行巡逻，避免他们偷懒呢？答案就是制定"保安员巡逻签到制度"，设置巡逻签到箱或签到本。

7.1.7.3　保安员交接班制度

保安员一般实行三班倒工作制，这就涉及交接班。交接班是一个非常关键的时刻，因为这个时刻大家忙着交接班，可能会忽视一些安全问题。另外，如果交接班不清楚的话，就会出现互相扯皮、推卸责任的现象。所以，物业项目经理制定相应的制度来规范保安员的交接班工作非常重要。该制度应明确交接班时间、程序和要求。

7.1.8　突发事件应急处理技能

在物业管理工作中，有些隐患是不易被提前发现的，也是很难控制。因此突发事件和危机的发生也就在所难免了。如果能够及时、有效地进行处理，就可以大大降低事件的危害程度。

7.1.8.1　突发事件处理要点

对于那些已经提前判别并制定了相应应急处理预案的"突发事件和危机"，按程序处理即可。但对于那些没有预案进行控制的"突发事件"，就需要物业项目经理灵活应对了，主要把握如图 7-1 所示的几点就可以了。

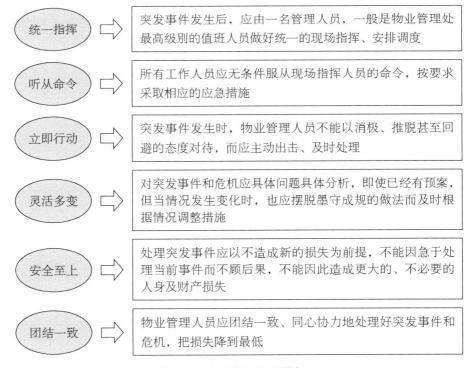

图 7-1　突发事件处理要点

　　为了避免突发事件和危机再次发生，在突发事件处理完毕后，物业公司必须进行认真总结。

7.1.8.2　突发事件类别

（1）自然灾害，主要包括台风、暴雨等气象灾害，以及火山、地震、泥石流等地质灾害。

（2）事故灾害，主要包括小区里发生的重大安全事故，如交通事故，以及影响小区正常管理与服务的其他事故，如环境污染。

（3）公共卫生事故，主要包括突发的可能造成社会公众健康损害的重大传染病，群体性不明原因疾病、重大食物中毒，以及其他影响公共健康的事件。

（4）突发社会安全事件，主要包括重大刑事案件、恐怖事件、经济安全事件及群体性事件。

7.1.8.3　突发事件处理程序

突发事件处理程序如图7-2所示。

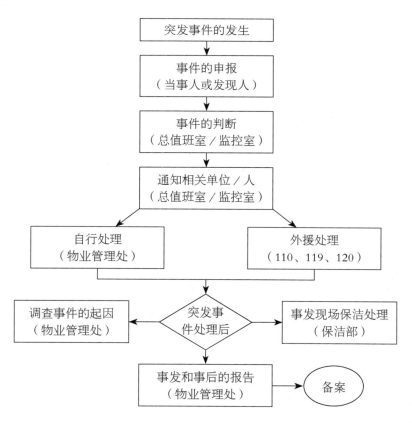

图 7-2　突发事件处理程序图

7.2　车辆安全管理

由于对停车场位、停车场库重视不够，或者对车辆增长速度估计不足，尽管一般的住宅区、商业区、工业区都留有停车场位或设有停车场库，但是大都物业车位严重不足，造成车辆乱停乱放；加之车辆种类、型号、吨位的复杂，使得管理人员对这一问题日益头痛。但无论怎样，在已有停车场的基础上，物业项目经理都要想办法做好车辆的安全管理工作。

7.2.1　道路交通的管理

7.2.1.1　人力安排

物业管理区域的交通一般不由交警管理，而是属物业管理处管理。大型物业的范围广、道路多，物业项目经理可以考虑设置交通指挥岗位，安排专职人员负责指挥交通；在交叉口交通流量不大的情况下，可由保安指挥交通，如果交通量较大或特殊的交叉口则设置信号灯指挥交通。使用信号灯指挥交通，可以减少交通指挥员的劳动强度，减少交通事故以及提高交叉口的通行能力。物业公司要对保安员加强培训保安员，让每人都有指挥交通的能力。

7.2.1.2　制定管理规定

为了确保物业管辖区域内的交通安全畅通，物业项目经理最好组织人员制定小区交通管理规定，对进入小区的车辆进行限制，及规范居民车辆停放、行驶的行为。一定要公示小区交通管理规定，可贴在小区入口或停车场库入口处。

7.2.2　完善停车场管理措施

停车场管理措施有以下几点。

7.2.2.1　划出停车位

停车位分为固定停车位和非固定停车位，以及大车位和小车位。固定停放车位的用户应办理月租卡，临时停放的车辆应停在非固定停车位。固定停车位应标注车号，车场的管理人员应熟记固定停车位的车牌号码，并按规定引导小车至小车位，大车至大车位，避免小车占用大车位。

7.2.2.2 建立安全措施

建立安全措施即要求停车场库内光线充足，适合驾驶，各类指示灯、扶栏、标志牌、地下白线箭头指示清晰，在车行道、转弯道等较危险地带设立警示标语。车场内设立防撞杆、防撞柱。车场管理人员在日常管理中应注意这些安全措施，一旦发现光线不足，就要通知维修人员来处理，如发现各类警示标语、标志不清楚，应及时向上级汇报，请求进行维护。

7.2.2.3 制定、健全车场管理制度

即使有良好的停车场库，如果没有健全的管理制度，也不能把车辆管好。健全的管理制度包括门卫管理制度、车辆保管规定等。

（1）门卫管理制度

这里的门卫包括停车场库的门卫和物业区域大门门卫。某些区域既需保持相对宁静，又需保证行人的安全和环境的整洁。因此，控制进入小区的车辆是大门门卫的职责之一。除救护车、消防车、清洁车、小区各营业网点送货车等特许车辆外，其他车进入物业区域时，都应服从限制性规定，经过门卫允许后方可驶入。大门门卫要坚持验证制度，对外来车辆要严格检查，验证放行；对从物业区域外出的车辆也要严格检查，验证放行。对可疑车辆更要多观察，对车主要仔细询问。一旦发现问题，大门门卫要拒绝车辆外出，并报告有关部门处理。

（2）车辆保管规定

为了规范停车场库的秩序，避免事故的发生，也为了保证车辆的安全，物业项目经理有必要制定相应的制度，来明确车主的责任、停车场库工作人员的管理责任及工作程序。

7.2.3 进出车辆严格控制

在停车场库出入口设专职人员，对进出车辆实行严格控制，负责指挥车辆进出、登记车号、办理停车取车手续。进场车辆应有行驶证、保险单等，禁止携带危险品的车辆及漏油、超高等不合规定的车辆进入。

7.2.4 进行车辆检查、巡视

车辆保管员应实行 24 小时值班制，做好车辆检查和定期巡视，确保车辆的安全，消除隐患。

（1）车辆停放后，保管员检查车况，并提醒驾驶人锁好车窗、带走贵重物品，调整防盗系统至警备状态。

（2）对入场前就有明显划痕、撞伤的车辆要请驾驶人签名确认。

（3）认真填写"停车场库车辆状况登记表"（如表7-4所示），以防日后车辆有问题时产生纠纷。

表7-4 停车场库车辆状况登记表

年 月 日

车辆牌号	车位	检查项目							进场时间	出场时间	车主签名认可	值班员签名
		照明灯	外壳	标志	轮胎	玻璃	后视镜	转向灯				

7.3 消防安全管理

7.3.1 消防组织建设与责任分工

7.3.1.1 消防组织建设

物业项目经理要明确本公司的消防组织人员构成，并将人员名单都登记在"消防组织情况表"（如表7-5所示）上，及明确在发生火灾时应急指挥的组织架构（如图7-3所示）。

表7-5 消防组织情况表

单位			地址			
小区类型			占地面积		建筑面积	
物业管理处防火负责人	姓名		职务		电话	

（续）

物业管理处 护卫主管	姓名		职务			电话	
公司安委会 办公室	电话			安全部		电话	
消防监控 中心	负责人		义务 消防队	班（队）数			
	值班电话			人数			
	人数						

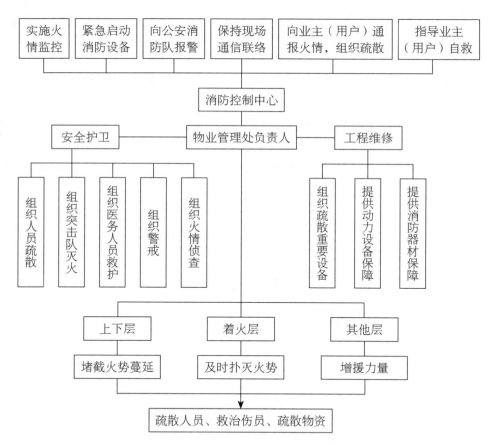

图 7-3　物业管理处灭火自救应急组织指挥流程图

7.3.1.2　明确公司的防火安全责任人

为明确消防职责，物业公司最好出具以下文件来明确防火安全责任人，但这并不意味着名字未出现在名单上的人员就不承担消防责任。

【实战范本 01】防火安全责任人名单

防火安全责任人名单

　　本物业管理处防火安全责任人、防火安全负责人、参加消防上岗培训义务消防队员及救护人员名单如下：

　　1. 物业管理处物业总经理_____任防火安全责任人；

　　2. 物业管理处物业副总经理_____、行政人事部经理_____、物业管理部经理_____、物业管理部副经理（主管安全）_____、工程管理部经理_____为各部门安全分工负责人；

　　3. 义务消防队员名单：_____、_____；

　　4. 救护人员名单：_____、_____、_____。

_____物业管理处

____年__月__日

7.3.1.3　确定各级人员的消防安全责任

对于公司的各级人员——消防安全领导小组、消防兼职领导、消防中心、消防队员、义务消防队员等也要明确其消防职责，并以文件的形式体现出来。

7.3.2　确定区域防火责任人

消防责任不仅局限于物业管理人员，还应包括业主和租户，因为他们所居、所用的区域有时物业公司管理不到，会发生违规行为，如乱拉电线等。所以，物业项目经理一定要依法确定各区域消防安全责任人，履行消防安全责任制，落实消防管理工作；完善各项消防安全管理规章制度。

确定好区域防火责任人以后，物业公司一定要与之签订如下防火责任协议书。

商场防火责任协议书

消防工作重于泰山。为认真贯彻"谁主管、谁负责"的消防工作原则和"预防为主、防消结合"的消防工作方针，积极落实消防岗位责任制，努力做好群治工作，维护大厦安全，指定物业管理处防火负责人为商场区域防火责任人，现就有关防火责任达成如下协议。

1. 区域防火责任范围

_____商场____层____铺位

2. 区域防火责任人职责

（1）协助大厦防火责任人做好消防工作，共同维护大厦防火安全。

（2）负责本区域范围内的防火工作，确保本区域的安全。

（3）认真宣传、贯彻、执行《中华人民共和国消防条例》和其他消防法规。

（4）制定并组织实施区域防火责任和岗位防火责任制。

（5）建立健全防火制度和安全操作规程。

（6）把消防工作列入生产、施工、经营管理的内容，经常对职工进行消防知识教育，领导和指导本区域的消防工作。

（7）协助物业管理处保护好本大厦公共场所的消防设备设施。

（8）定期（每月一次）组织消防检查，改善消防安全条件，完善消防设施，把火灾事故消灭在萌芽之中。

（9）审核、上报本区域装修工程，纠正与处理本区域的违反消防法规的现象和行为。

（10）组织制定本区域灭火作战方案，带领职工扑救火灾，并保护好现场。

3. 本协议书一式两份，大厦防火责任人和区域防火责任人各一份。

4. 协议书经双方代表签字后生效。

物业管理处   业主／租户：

防火负责人：   用户名称：

                                     防火责任人：

电话：   电话：

日期：   日期：

7.3.3 积极开展消防宣传、培训

消防宣传、培训非常重要，应是物业项目经理要常年进行的工作。消防培训工作主要从以下三个方面展开。

7.3.3.1 消防队伍的训练和演习

物业项目经理应根据所辖小区的实际情况，每年进行一次消防演习，演习结束后要及时总结经验、找出不足，以便以后采取措施改进，提高物业管理处防火、灭火、自救的能力。物业公司开展消防演习时应请公安消防部门派人指导、点评，并请他们讲解改进的办法或途径。

培训情况应记录在"义务消防队员培训情况表"上（如表 7-6 所示），并存档。

表 7-6 义务消防队员培训情况表

单位	姓名	工种	参加何种培训	发证单位	发证时间	复核时间

7.3.3.2 员工消防培训

开展员工消防培训的目的是加强对员工的消防安全教育，提高火灾应急处置能力。物业项目经理除了定期组织所有员工进行灭火演练，还应组织员工学习防火和灭火知识，使全体人员都能掌握必要的消防知识，做到会报警、会使用灭火器材，会组织群众疏散和扑救初起火灾。员工消防培训操作程序可参照图 7-4 来执行。

明确授课人，由人力资源部指派
↓
选择授课地点，确定授课时间
↓
明确授课内容：防火知识、灭火常识、火场的自救与救人、灭火的基本方法与原则
↓
组织考核
↓
考试结果存档、总结

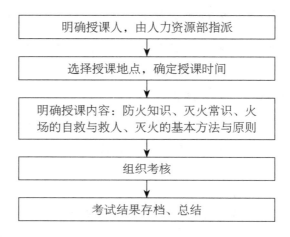

图 7-4　员工消防培训操作程序

7.3.3.3　业主（用户）消防培训

物业项目经理可按照图 7-5 的操作步骤来组织业主（用户）参加消防培训。

第一步	通过广播、墙报、警示牌等形式向业主（用户）宣传消防知识，营造“消防安全人人有责”的良好氛围
第二步	定期组织培训。可预先发通知，并跟催确认。培训内容包括消防管理有关法律法规、防火知识、灭火知识、火场的自救和救人、常用灭火器的使用与管理、公司制定的“消防管理公约”“消防管理规定”“业主（用户）安全责任书”“安全用电、用水、管道燃气管理规定”“消防电梯使用规定”等
第三步	在组织各位业主（用户）参加消防培训时，一定要做好相关记录，体现消防培训的严肃性
第四步	培训结束后，应组织考核，并将试卷立档备案

图 7-5　业主（用户）消防培训操作步骤图

7.3.4　做好消防档案管理

物业公司应建立消防档案，消防档案是记载物业管理区域内的消防重点以及消

防安全工作基本情况的文书档案。一般来说，消防档案应包括以下内容。

7.3.4.1　消防设施档案

消防设施档案的内容包括消防通道畅通情况、消火栓完好情况、消防水池的储水情况、灭火器的放置位置是否合适、消防器材的数量及布置是否合理、消防设施更新记录等。这些情况可记录在表 7-7 所示的"消防设施情况表"上。

表 7-7　消防设施情况表

一、消防设备			
设备种类	数量	分布位置	情况描述
消防泵			
消火栓			
水龙带			
蓄水池			
灭火器　干粉			
灭火器　泡沫			
灭火器　二氧化碳			
灭火器　酸碱			
二、消防水源分布情况			

7.3.4.2　防火档案

防火档案包括消防负责人及管理人员名单、物业管理区域平面图、建筑结构图、交通和水源情况、消防管理制度、火险隐患、消防设备状况、"消防重点部位情况表"（如表 7-8 所示）、前期消防工作概况等。

表 7-8　消防重点部位情况表

部位名称	建筑耐火等级	面积（平方米）	负责管理部门	员工人数	消防责任人
概况					
火灾特点					
扑救措施					

7.3.4.3　火灾档案

火灾档案包括一般火灾的报告表和调查记载资料、火灾扑救情况报告、对火灾责任人的追查和处理相关材料、火险隐患整改通知书等。

7.3.5　加强消防检查巡查

消防安全检查是预防火灾的一项基本措施。物业项目经理应积极组织、督导消防检查工作。

7.3.5.1　明确消防设备巡查的内容及频次

消防设备巡查内容及频次如表 7-9 所示。

表 7-9　消防设备巡查内容及频次

消防设备	巡查内容及频次
烟温感报警系统	1. 每周对区域报警器、集中报警器巡视检查一次，查看电源是否正常、各按钮是否处于接收状态 2. 每日检查一次各报警器的内部接线端子是否松动，主干线路、信号线路是否破损，并对 20% 的烟感探测器进行抽查试验 3. 每半年对烟温感探测器进行逐个保养，擦洗灰尘，检查探测器底座端子是否牢固，并逐个进行吹烟试验 4. 对一般场所每三年、污染场所每一年进行一次全面维修保养，主要项目包括清洗吸烟室（罩）集成线路、保养检查放射元素镁是否完好等

（续）

消防设备	巡查内容及频次		
防火卷帘门系统	1. 每半月检查一次电气线路、元件是否正常并清扫灰尘 2. 每月对电气元件线路检查保养一次，检查有无异常现象、绝缘是否良好，按照设计原理进行试验 3. 每季度对机械元件进行保养检查、除锈、加油及密封		
送风、排烟系统	1. 送风	（1）每周检查各层消防通道内及消防电梯前大厅加压风口是否灵活 （2）每周检查各风机控制线路是否正常，可做就地及遥控启动试验，打扫机房及风机表面灰尘 （3）每月进行一次维护保养，检查电气元件有无损坏松动，清扫电气元件上的灰尘，为风机轴承加油等	
	2. 排烟	（1）每周检查各层排烟阀、窗、电源是否正常，有无异常现象。同时对各排烟风机控制线路进行检查，就地启动试验，打扫机房及排风机表面灰尘 （2）每月进行一次维护保养，检查电气元件有无损坏松动，对排烟机轴承及排烟阀机械部分进行加油保养，打扫机房，同时按照设计要求对 50% 的楼层开展自动控制试验	
消火栓系统	1. 每周检查各层消火栓、水龙带、水枪头、报警按钮等是否完好无缺，各供水泵、电源是否正常，各电气元件是否完好无损，处于战备状态 2. 每月检查一遍各阀门是否灵活，进行除锈加油保养；检查水泵是否良好，对水泵表面进行除尘、轴承加油；检查电气控制部分是否处于良好状态，同时按照设计原理进行全面试验 3. 每季度在月检查的基础上对水泵进行中修保养，检查电动机的绝缘是否良好		
花洒喷淋系统	1. 每周检查管内水压是否正常，各供水泵电源是否正常，各电气元件是否完好无损 2. 每月巡视检查花洒喷淋头有无漏水及其他异常现象，检查各阀门是否完好并加油保养，同时进行逐层放水，检查水流指示器的报警是否正常，水位开关器是否灵敏，并启动相应的供水泵看是否能正常供水 3. 供水泵月保养、季中修的内容与消火栓水泵的相同		
应急广播系统	1. 每周检查主机、电源信号及控制信号是否正常。各控制开关是否处在正常位置，有无损坏和异常现象，及时清洗主机上的粉尘 2. 每月检查切换机是否可以正确切换。检查麦克风是否正常，定期清洗磁头 3. 楼层的喇叭是否正常，清洗喇叭上的粉尘等 4. 检查后进行试播放		

7.3.5.2 确定消防设施安全检查的责任人及要求

各种消防设施由工程设备部负责，保安部配合进行定期检查，发现故障及时维修，以保证其性能完好。具体要求如下。

（1）保安巡逻员每天必须检查巡逻区域内灭火器材的安放位置是否正确，铁箱是否牢固，喷嘴是否清洁、畅通等，如发现问题，应及时报告工程设备部修复或更换。

（2）工程设备部会同保安部查看消火栓箱门、箱内水枪、水带接口、供水阀门和排水阀门等，每月进行一次放水检查，若发现问题应及时纠正。

（3）消防中心要经常检查消防报警、探测器（温感、烟感）等消防设施，如发现问题及时报工程设备部进行维修。

（4）消防中心每三个月检查一次二氧化碳灭火器的重量及其存放位置，对存放地温度超过42℃的，应采取措施降温。

（5）消防中心应定期检查"1211"灭火器，重量减少1/10以上的，应补充药剂并充气，对放置在强光或高温地方的灭火器，应马上移位。

（6）每天检查安全门的完好状态，检查消防通道是否畅通，如发现杂物应立即采取措施进行排除。

（7）消防设施周围严禁堆放杂物，应随时保持消防通道畅通。

7.3.5.3 要求做好消防检查记录

在消防检查过程中，应做好相应的记录，"消防器材检查表"如表7-10所示，对发现的异常情况要记录在"消防巡查异常情况记录表"中（如表7-11所示），并提出处理措施。

表7-10 消防器材检查表

单位：   检查人：

名称	型号	规格	数量	检查情况	备注

表 7-11 消防巡查异常情况记录表

班次：　　　　　　　　　　　　　　年　月　日

时间	地点	异常情况记录	处理措施	备注

主管：　　　　　　　　　　　　　　巡查员：

7.3.5.4 监督消防隐患的整改

物业公司对消防隐患的整改管理要重点注意以下事项：

（1）对于检查中发现的各种设备、设施变化，或其他违反消防安全规定的问题，要立即查明原因并及时处理，不能立即解决的由公司下发整改通知书（如表 7-12 所示），要求限期整改；

（2）受检单位接到整改通知后，应组织人员对消防隐患进行及时整改，并在规定时限内完成；

（3）受检单位整改完毕后，检查负责人对火险隐患进行复查，并记录复查结果；

（4）每到月末，物业公司要对消防隐患情况编制月度汇总表（如表 7-13 所示）。

表 7-12 消防检查整改通知书

_____：
经____年__月__日__时__分检查，发现你（部位）有下述火险隐患。限于__月__日前采取如下有效措施整改完毕，并及时通知整改情况。
签收人／时间：　　　　　　　　　　签发人／时间：
隐患情况和应采取措施：

（续）

整改情况：ᅠ   责任人／时间：
复查情况：ᅠ   复查人／时间：

表 7-13　消防隐患整改月度汇总表

月份：ᅠ　　　　　　　　　　　　　　　制表人：

整改通知书编号	整改通知下达时间	隐患部位	隐患摘要	消防责任人	整改完成时间	检查人	检查结果

审核：ᅠ　　　　　　　　　　　　　　　制表：

7.3.6　开展消防演习

消防演习既可以检验物业管辖区域内消防管理工作的情况，消防设备、设施运行情况，以及物业管理处的防火、灭火操作规程和组织能力，又可以增强员工及业主（用户）的消防意识，提高他们的自救能力。物业项目经理应根据小区的实际情况和消防管理部门的要求，每年组织 1～2 次消防演习。

在开展消防演习时应注意以下事项：

（1）应选择在白天进行消防演习，安排在对业主（用户）生活和工作影响小的时间段，以利于更多的人参加；

（2）消防演习的"火场"应选择在相对安全的位置，尽量减少对业主（用户）的影响并保证安全；

（3）在消防演习过程中要避免长时间断电（停电），可以象征性地停电数秒钟；

（4）在消防演习过程中，要采取各种形式做好参加演习业主（用户）情况的记录工作，对不理解的业主（用户）做好解释工作，加强消防知识宣传、讲解工作，做好参与演习业主（用户）的安全保护工作。

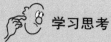 **学习思考**

1. 门卫、守护和巡逻工作的安排要点是什么？

2. 护卫员的配备要求和培训内容是什么？

3. 面对突发事件，如何应急处理？

4. 实施道路交通管理的措施有哪些？

5. 如何管理停车场？

6. 消防设备巡查的内容及频次是什么？

7. 消防档案应包括哪些内容？

8. 如何确定本公司消防组织的人员组成？

9. 如何开展消防宣传培训？

10. 怎样组织消防检查巡查？

11. 开展消防演习时要注意哪些事项？

学习笔记

第八章　维修服务管理

▶ 学习目标

1. 能够设立便民维修保养服务部门。

2. 能说明业主日常报修程序，能设计业主（用户）报修服务流程，能妥善安排业主（用户）日常报修处理的时间。

3. 能阐述制定维修服务承诺时的注意事项，能结合所管物业项目的实际情形制定个性化的维修服务承诺。

4. 能结合所管物业项目的实际情形制定维修服务程序。

5. 能描述维修回访的内容、回访时间要求，能解决回访问题，能设计适用的回访用表单。

导读 >>>

业主（用户）维修作业涉及要进入业主（用户）室内，从客服中心接单开始，到维修人员作业完成离开业主（用户）家，如果各个方面都做得细致入微，相信业主（用户）会认为物业公司非常专业、服务水准非常高。这对日常管理中业主（用户）的配合及维修费用（有偿维修服务项目）的收取会有很大帮助。所以，物业项目经理有必要定期组织维修人员进行培训，让其了解上门维修服务的基本要求，以及一些具体问题的处理方法。

8.1　设立便民维修保养服务部门

物业项目经理应考虑设立便民维修服务部门，为业主（用户）提供服务。虽然工程部门也可以提供相应的服务，但物业公司还是应该设立专门的部门为业主（用户）提供维修服务。当维修保养服务部门满足并超过了业主（用户）对服务的期望时，就能更好地取得业主（用户）的信任。

8.2　报修程序及时间安排

为规范便民维修保养服务，物业项目经理须对业主（用户）报修及物业公司处理的程序及时间安排做出规定。

8.2.1　业主日常报修程序

一般而言，业主日常报修程序如图8-1所示。

第一步	业主（用户）联系便民维修保养服务部门请修
第二步	物业公司接报修通知后发出请修凭证，同时调度维修人员赶赴现场维修
第三步	维修人员修理完工后，由业主（用户）或物业公司进行维修质量的验收
第四步	维修质量验收合格后，由业主（用户）按维修人员的维修统计核算结果和请修凭证及有关的收费标准付费，并在"派工单"上签字后收取付费发票或收据
第五步	如业主（用户）对维修质量、收费及服务等有异议并未能获得及时解决的，可向物业管理处或其他有关单位进行投诉

图8-1　业主日常报修程序

物业项目经理应在研究业主（用户）日常报修程序后，从物业管理处的角度设计业主（用户）报修服务流程，如图8-2所示。

流程图	负责部门、人员	过程描述	支持文件及记录
信息接收	客户部接待员、物业管理处员工	1. 物业管理处设立报修服务电话，并向客户公开 2. 客户需要物业管理处提供服务时，使用报修电话或在现场向物业管理人员提出服务要求 3. 对客户提出的服务内容，接收信息人员能处理的应现场处理，不能处理的应报告客服部 4. 客户部接待员接收信息后在"报修登记表"上登记，各物业管理人员接收信息时需要问清楚服务的时间、项目等内容 5. 服务内容如属于有偿服务项目，应执行"有偿服务管理规定"	"服务电话标签""报修登记表""有偿服务管理规定"

图8-2　业主（用户）报修服务流程

（续）

流程图	负责部门、人员	过程描述	支持文件及记录
分派工作	客户部接待员、各部门负责人	客服部接待员进行信息登记，同时通知相关责任人执行	
执行维修	相关责任人	1. 针对所有服务项目，执行人在维修前均应做好准备（材料、工具配备等），填写"服务工作单"，经上级负责人批准后进行维修，物资采购及领用参见"物品采购与管理程序" 2. 责任人员的维修要达到"服务承诺"的要求，对因材料紧缺或工作量大而不能在承诺的时间内完成工作的，需向客户当面说明，属责任区内的报告上级负责人 3. 各责任人根据责任分工对巡视发现及接收到的公共部分的维修工作，直接填写"维修登记表"，登记报修的所有项目	"维修登记表""服务工作单""服务承诺""物品采购与管理程序"
验收	相关责任人	1. 客户验收自己报修的内容，因特殊原因客户不能验收的，与公共部位的维修一样，由维修责任人的上级负责验收，对不能现场验收的项目等服务完结待观察时间后及时交相关人员进行验收 2. 对所有物业管理处及报修部门应各留存一张"服务工作单"	
回访是否满意 否 是	客服部接待员	责任人根据"回访制度"定期对维修人员的服务质量和服务态度进行回访，并填写"回访记录表"	"回访制度""回访记录表"
结束 投诉	相关部门责任人	对回访及现场服务不满意的项目视为投诉，并按"客户投诉处理程序"进行处理	

图 8-2　业主（用户）报修服务流程（续图）

8.2.2　业主（用户）日常报修处理的时间安排

物业公司要安排好处理业主（用户）日常报修的时间，一方面可让维修部门的人员有据可循，另一方面也可以减少业主（用户）的投诉。一般来说，可以参考以下几点来安排时间。

（1）急修项目可24小时报修，并在接到报修后1天内上门修理（市内在1小时内即可上门修理）。

（2）一般项目应安排在8：00-12：00、14：00-20：00进行，并在接到报修后3天内上门修理（市内在1天内即可上门修理）。

（3）对疑难的修理项目应在一周内安排计划查勘，约定修理日期，如期完成报修项目（市内物业小区处理报修单一般都能及时到位，无拖拉推诿现象）。

（4）在双休日、节假日时，维修应安排在10：00-12：00、14：00-20：00进行。

8.3　制定维修服务承诺

为了加强管理，提高服务质量，物业项目经理应组织员工制定维修服务承诺，并向全体业主（用户）公布维修时间。

8.3.1　制定承诺的原则

物业管理处在制定和执行服务承诺的过程中，应本着认真负责的原则和实事求是的态度，始终坚持图8-3所示的原则。

从业主（用户）需求出发	应从业主（用户）的需求出发，了解其真实的需求，并据此提供优质服务，不能凭主观想象确定服务标准。物业项目经理制定承诺标准前最好与业主（用户）坦诚地交换意见，使业主（用户）了解物业公司的服务能力，对服务实绩形成合理的期望
承诺真实可行	物业项目经理应反复研究服务环节，依据物业公司的实力采取相应的措施，做出适当的承诺，以防止承诺无法兑现

图8-3　制定维修服务承诺的原则

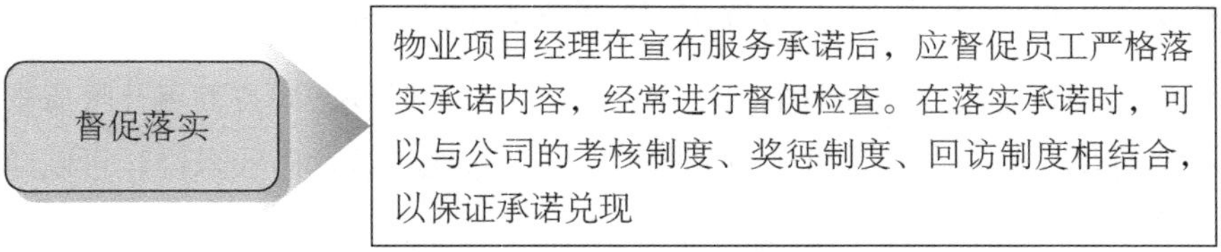

图 8-3 制定维修服务承诺的原则（续图）

8.3.2 制定承诺时的注意事项

为避免服务承诺难以兑现，引起业主（用户）投诉，物业项目经理在制定承诺时应注意如下要点。

8.3.2.1 显式承诺与隐式承诺相结合

根据实际情况，公布可控标准，不公布不可控标准。如可公开业主（用户）房间维修的时间，不公开完成维修的时间。另外，避免使用"承诺"之类的词语，可以采用"服务标准"等中性词。

8.3.2.2 完全承诺与具体承诺相结合

完全承诺有较大的风险，对简单易行、费用较少的项目可采取完全承诺，如"保证维修效果，否则不收费"等；对一些昂贵的大型项目，可采用具体承诺，如"一般情况下，保证维修效果"等。

8.3.2.3 内部承诺与外部承诺相结合

规模小、人员较少的物业公司如对公开承诺没有把握，可在公司内部进行内部承诺，有助于提升内部服务质量，以积累一定的经验，为公开承诺做好准备。

8.3.2.4 补救与补偿相结合

为了避免承诺不能兑现，导致业主（用户）产生不满，可采取补救性服务，避免扩大事态。补救性服务可采取类似商场的"以修代退"方法，尽量用较小代价挽回局面。例如，业主（用户）对维修质量不满意，公司可以免费再次维修。

以下针对写字楼与物业小区分别提供维修服务时间承诺（如表 8-1、表 8-2所示）范本，供读者参考。

表 8-1　写字楼维修服务时间承诺

序号	项目	服务内容	处理时限
1	工程报修	受理业主（用户）室内设施工程报修	一经受理1分钟内出"工程单"报修；10分钟内电话回复业主（用户）
2	工程问题咨询服务	到达现场受理业主（用户）对有关室内或大厦内工程方面的咨询	15分钟内到达现场，当场解答
3	电子门锁故障	处理业主（用户）入门电子门锁故障	15分钟内到达现场，如果是简单故障就当场解决；如果是重大故障不能当场修复的，应解释原因
4	业主（用户）其他弱电设备故障	解决业主（用户）其他弱电设备故障	接报后15分钟内到达现场解决；因故不能解决的要说明原因
5	业主（用户）室内二次装修审批	（1）只作简单的间隔，不涉及大厦中央系统的修改 （2）涉及大厦中央空调、消防系统等的修改	（1）资料齐全，1个工作日内批复 （2）资料齐全，2个工作日内批复
6	业主（用户）申请装修验收	（1）发现问题：解释清楚、发整改通知 （2）验收通过：填写验收合格文件，交财务部办理退装修保证金	（1）按预约时间到达，1小时内完成 （2）2个工作日内完成
7	业主（用户）室内跳闸	为业主（用户）重新复位（不包查线）	15分钟内到达
8	更换光管、启辉器	按业主（用户）要求更换损坏的光管、启辉器	30分钟内到达，15分钟内完成
9	更换镇流器、光管脚	按业主（用户）要求更换损坏的镇流器、光管脚	30分钟内到达，25分钟内完成
10	更换开关、插座	按业主（用户）要求更换损坏的开关、插座	50分钟内到达，30分钟内完成
11	更换石英灯	按业主（用户）要求更换损坏的石英灯（含镇流器）	30分钟内到达，30分钟内完成
12	……		

表 8-2　小区上门维修服务标准

序号	内容	服务标准（时限）	备注
1	服务质量满意率	100%	第一次达到 90%；业主（用户）表示不满意的，尽量组织二次维修，直到业主（用户）满意为止
2	服务态度	热情、礼貌，举止、言谈得体	
3	提供材料	100% 合格	
4	预约维修时间	接到维修申请后，无特殊情况 30 分钟区内到达	按业主（用户）预定时间到达，如暂无维修人员，应向业主（用户）解释，另约时间
5	（1）厨房、卫生间、阳台等出现堵、漏、渗或无水等	小故障 30 分钟内，一般不超过 2 小时	（1）特殊情况要向业主（用户）解释清楚，并组织突击，尽快维修好 （2）如需改管，视实际情况由班长或房管员确定；维修后两周内，每周不少于 1 次回访 （3）除市政停水或供水系统进行较大维修、水池定期清洗外，定期保养要提前 1 天通知，临时停水要发布停水告示 （4）除市网停电、对供电系统进行维修养护外，定期保养要提前 1 天通知，临时停电要发布停电通知
	（2）水管、闸、阀、水表渗漏	一般在 2 小时内，最长不超过 8 小时	
	（3）厨房、卫生间等楼板渗水到楼下	一般在 4 小时内，如面积大或难以处理最长不超过 3 天	
	（4）房间没水	1 小时内恢复供水	
	（5）房间无电	1 小时内恢复供电，如需重新购买开关等材料，则在 4 小时内	
	（6）电器维修	小修不超过 2 小时，较难的不超过 8 小时；灯不亮，门铃、插座损坏等小故障 30 分钟内维修好	
	（7）门、窗修理	需重新更换门窗的，3 天之内完成；无特殊要求的，1 天之内更换门、窗	

8.4 制定维修服务程序

为了监控维修服务，物业项目经理有必要制定相应的程序，规范维修人员开展服务的基本要求，如图8-4所示。

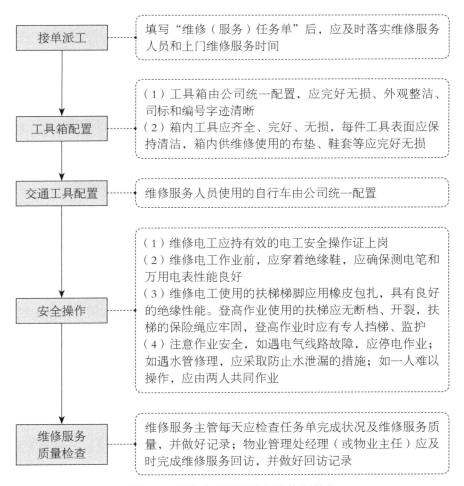

图8-4 维修人员开展服务的基本要求

8.5　加强维修服务检查与回访

为了兑现服务承诺，物业公司有必要对维修服务进行检查和回访。回访对维修服务非常重要，也是许多物业公司通行的做法。物业项目经理要重视这方面的工作。

8.5.1　维修回访的内容

维修回访的内容一般包括以下几方面：

（1）实地查看维修项目；

（2）向业主（用户）或其家人了解维修（服务）人员服务的情况；

（3）征询改进意见；

（4）核对收费情况；

（5）请被回访人签名。

8.5.2　回访时间要求

物业项目经理最好在回访制度中规定回访时间。一般应在维修后一星期之内进行回访，如安全设施维修2天内回访，漏水项目维修3天内回访。

8.5.3　回访问题的处理

一般而言，对回访中发现的问题，应在24小时内书面通知维修（服务）人员进行整改。

8.5.4　回访用表单

在回访工作管理中，一定要做好记录、填好表格，以便明确责任，并进行统计分析，找出物业维修管理工作中的漏洞和不足，寻求最适合的解决措施，以提升工作效率。常用回访用表单如表8-3、表8-4所示。

表 8-3　月度回访清单

年　月　日

序号	回访表格编号	回访日期	业主（用户）房号	业主（用户）名称	回访事项	回访人	回访结果	备注

审核：　　　　　　　　　　　　　　　　　制表：

表 8-4　回访业主（用户）记录

部门：　　　　　　　　　　年　月　日

栋号、房号		回访人		回访形式	
回访事由					
回访记录	业主（用户）签名：　　　　　　　　回访人签名： 　　　　　　　　　　　　　　　　　　　　　年　月　日				
主任意见	签名： 　　　　　　　　　　　　　　　　　　　　　年　月　日				

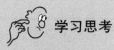 学习思考

1. 请描述业主日常报修程序。

2. 业主（用户）日常报修处理的时间如何安排？

3. 制定维修服务承诺时应遵循哪些原则？

4. 制定承诺时有哪些注意事项？

5. 维修服务程序中有哪些关键步骤，每个步骤的控制要点是什么？

6. 维修回访的内容是什么？

7. 请描述回访时间要求。

8. 回访中可能会遇到哪些问题，该如何处理？

学习笔记

_____

_____

_____

_____

_____

_____

_____

_____

_____

_____

第九章　物业辖区绿化管理

▶ **学习目标**

1. 能描述物业绿化的日常内容。

2. 能采取措施进行绿化宣传，在业主（用户）中树立起保护环境和绿化的意识。

3. 能描述不同地区的气候特征，能个性化地制订绿化养护工作计划。

4. 能设计绿化服务监督检查表格，并实现监督制度化。

5. 能制定绿化安全作业管理制度、安全操作规程，有效进行绿化安全控制。

6. 能说明外包绿化准备工作要点、外包绿化养护作业频度要求、外包绿化养护验收标准、一般供方评定的标准、供方参加评审时应提交的资料，能选择绿化外包商并签订合同、进行外包绿化服务监督检查，确保绿化服务质量。

导读 >>>

小区绿化管理水平往往是业主对该小区的物业管理水平的第一印象及第一评价标准。绿化作为小区的门面，往往会给进入小区的人留下很深的第一印象。在全国的物业管理优秀示范小区评比标准中，绿化管理也是一项重要的考评内容。

9.1　物业绿化的日常管理内容

物业绿化管理的内容包括对绿化植物及园林小品等进行养护管理、保洁、更新、修缮，以达到改善、美化环境，保持环境生态系统的良性循环的效果。物业绿化管理除了日常绿化养护管理工作，还包括绿化翻新改造、花木种植、环境布置、绿化有偿服务等工作，具体说明如表 9-1 所述。

表 9-1　物业绿化的日常管理内容

序号	管理项目	内容及标准
1	保洁	按照养护管理分工及岗位责任制清除绿地垃圾和杂物，包括生活垃圾、砖块、砾石、落地树叶、干枯树枝、烟蒂、纸屑等。对水池、雕塑和园林小品及绿化配套设施按要求进行保洁，对绿地全天候进行打扫
2	除杂草、松土、培土	除杂草、松土、培土是养护工作的重要组成部分。经常除杂草，可防止杂草与草坪在生长过程中争水、争肥、争空间而影响草坪的正常生长；对于草坪土壤板结和人为践踏严重的地带，要注意打孔透气，必要时还必须用沙壤土混合有机肥料铺施，以保障生长、青绿度高、弹性好、整齐美观；对绿地的花坛、绿篱、垂直绿化、单植灌木和乔木按要求进行松土和培土

（续）

序号	管理项目	内容及标准
3	排灌、施肥	在对草坪、乔木、灌木进行排灌、施肥时，应按植物种类、生长期、生长季节天气情况等的不同有区别地进行，保证水、肥充足适宜
4	补植	对于被破坏的草地和乔木、灌木，物业公司要及时进行补植，还要及时清除灌木和花卉的死苗。发现乔木死树时,也要及时清理，从而做到乔木、灌木无缺株、死株，绿篱无断层
5	修剪、造型	根据植物的生长特性和长势，物业公司应适时对其进行修剪和造型，以增强绿化、美化的效果
6	病虫害防治	病虫害对花、草、树木的危害很大，轻者影响景观，重者导致花、草、树木的死亡。因此,做好病虫害的防治工作是很重要的。病虫害的防治工作应以防为主，精心管养，使植物增强抗病虫的能力；同时要经常检查、早发现、早处理。在防治时可采取综合防治、化学防治、物理人工防治和生物防治等方法
7	绿地及设施的维护	绿地维护应做到绿地完善；花、草、树木不受破坏；绿地不被侵占，绿地版图完整；无乱摆乱卖、乱停乱放的现象。绿地各种设施如有损坏，物业公司要及时修补或更换，以保证设施的完整美观。保护好绿地围栏等绿化设施。保护绿化供水设施，防止绿化用水被盗用。对护树的竹竿、绑带要及时加固，使其达到护树目的。在生长季节，随着树木生长，及时松掉绑在树干上的带子，以防嵌入树体，从而影响树木生长；同时要注意不能用铁丝直接绑在树干上，中间要垫上胶皮
8	水池管理	对于水池的管理，物业公司要做到保持水面及水池内外清洁，水质良好，水量适度，节约用水；池体美观，不漏水，设施完好无损。同时要及时清除杂物,定时杀灭蚊子幼虫,定时清洗水池；控制好水的深度，管好水闸开关，不浪费水；及时修复受损的水池及设施
9	园路的管理	绿地路面应保持清洁、美观、完好无损，要及时清除路面垃圾杂物，修补破损并保持完好。绿地环境卫生要做到绿地清洁，无垃圾杂物、无石砾石块、无干枯树枝、无粪便暴露、无鼠洞和蚊蝇滋生地等

（续）

序号	管理项目	内容及标准
10	防旱、防冻	在旱季，根据天气预报和绿地实际情况，检查花、草、树木的生长情况，做好防旱、抗旱的组织和实施工作，预测出花、草、树木的缺水时限并进行有效的抗旱。在进行防冻工作时，物业公司必须按植物生长规律采取有效的措施，从而保持花、草、树木的良好生长
11	防台风、抗台风	在物业绿化的日常管理中，要时刻树立和加强防台风、抗台风的意识，及时做好防台风、抗台风的准备工作。在台风来袭前要加强管理、合理修剪，做好护树和其他设施的加固工作，派专人进行检查，并成立抗风抢险小组。在接到 8 级以上台风通知时，主要管理人员要轮流值班，通信设备要 24 小时开通，人力、机械设备及材料等应随时待命。台风吹袭期间，发现树木等设施危及人身安全和影响交通的，要立即予以清理，疏通道路，及时排涝。台风后要及时进行扶树工作，补好残缺，清除断枝、落叶和垃圾，保证在两天内恢复原状
12	节假日做好配套工作	如在节假日，应按要求配合做好节日的摆花工作，同时增加人员，做好节日的保洁和管理工作；对草坪、花灌木等各种苗木，按其生长习性，应提前予以修剪，保证节日期间达到更美观的效果
13	绿化有偿服务	绿化有偿服务是指物业公司园林绿化专业人员开展的针对业主、物业使用人甚至物业管理区域外其他单位的绿化的有偿服务。此服务既可方便客户，充分利用资源，又可以增加收入。绿化有偿服务包括园林设计施工、绿化代管、花木出租出售、花艺装饰服务、插花及开办盆景培训班、花卉知识培训班等

9.2　绿化宣传

物业小区的绿化工作不仅是绿化部门的职责，也是每一位业主（用户）的职责。因此，物业项目经理应在业主（用户）中树立起保护环境和维护绿化的意识，具体措施如下。

（1）制定规章并做好宣传。

（2）提高业主（用户）的素质。在物业绿化工作中，创建社区环境文化、加强绿化保护宣传是很重要的。其中一个重点就是要提高业主（用户）的素质，使业主（用户）形成爱护绿化的良好习惯。为了创建良好的社区环境文化，物业公司可采取以下措施：

①完善绿化保护系统，在人为破坏较多的地方增加绿化保护宣传牌；

②加强绿化知识宣传，可在每期报刊栏开辟一部分空间进行绿化知识的宣传，也可将主要苗木挂上讲解牌，注明树名、学名、科属和习性等。

（3）在绿化专业人员的主持下，为业主（用户）举办插花艺术、盆景养护、花卉栽培等绿化知识的培训活动。

（4）开展小区内植物认养活动，加强业主（用户）对植物的认同感。

（5）由物业管理处出面，在小区内举办绿化知识竞赛或如美化阳台等活动。

（6）在植树节或国际环保日举办植树活动或绿化知识咨询活动等。

　　物业项目经理应当主动向业主（用户）宣传绿化方面的要点，强化其绿化意识，以使双方共同维护小区的绿化成果。

9.3　绿化计划管理

物业项目经理应当加强绿化计划管理，为全年的绿化工作制订具体的工作计划，以便绿化人员按照计划开展相关工作。以下提供一份某物业公司的绿化养护工作计划，供读者参考。

【实战范本01】南方地区绿化养护年度工作计划

南方地区绿化养护年度工作计划

月份	气候特征	绿化养护计划
1月	1月是全年中气温最低的月份，树木处于休眠状态	（1）冬季修剪：全面展开对落叶树木的整形修剪作业；对大小乔木上的枯枝、伤残枝、病虫枝及妨碍架空线和建筑物的枝杈进行修剪 （2）行道树检查：及时检查行道树绑扎、立桩情况，发现松绑、铅丝嵌皮、摇桩等情况时应立即整改 （3）防治害虫：冬季是消灭园林害虫的有利时期，可在树下疏松的土中挖集刺蛾的虫蛹、虫茧，集中消杀。1月中旬的时候，蚧壳虫类开始活动，但这时它们行动迟缓，物业公司可以采取刮除树干上幼虫的方法在冬季防治害虫，往往有事半功倍的效果 （4）绿地养护：绿地、花坛等地要注意拔除大型野草；草坪要及时拔除杂草、切边；绿地内要注意防冻、浇水
2月	2月气温较上月有所回升，树木仍处于休眠状态	（1）养护基本与1月相同 （2）修剪：继续对大小乔木的枯枝、病枝进行修剪，月底以前把各种树木修剪完 （3）防治害虫：继续以消杀防刺蛾和蚧壳虫为主
3月	3月气温继续上升，中旬以后，树木开始萌芽，下旬有些树木（如山茶）开花	（1）植树：春季是植树的有利时机。土壤解冻后，应立即抓紧时机植树，种植大小乔木前做好规划设计，事先挖（刨）好树坑，要做到随挖、随运、随种、随浇水，种植灌木时也应做到随挖、随运、随种，并充分浇水，以提高苗木存活率 （2）春灌：因春季干旱多风，水分蒸发量大，为防止春旱，对绿地等应及时浇水 （3）施肥：土壤解冻后，对植物施用基肥并灌水 （4）防治病虫害：本月是防治病虫害的关键时刻，一些苗木出现了霉污病，瓜子黄杨卷叶螟也出现了，可采用喷洒杀螟松等农药进行防治，防治刺蛾可以继续采用挖蛹方法
4月	4月气温继续上升，树木均萌芽开花或展叶，开始进入生长旺盛期	（1）继续植树：4月上旬应抓紧时间种植萌芽晚的树木，及时拔除补种冬季死亡的灌木（杜鹃、红花继木等），对新种树木要充分浇水 （2）灌水：继续对养护绿地进行及时浇水 （3）施肥：结合灌水，对草坪、灌木追施速效氮肥，或者根据需要进行叶面喷施 （4）修剪：剪除冬、春季干枯的枝条，修剪常绿绿篱

（续）

月份	气候特征	绿化养护计划
4月	4月气温继续上升，树木均萌芽开花或展叶，开始进入生长旺盛期	（5）防治病虫害：蚧壳虫在第二次蜕皮后陆续转移到树皮裂缝内、树洞、树干基部、墙角等处分泌白色蜡质薄茧化蛹，可以用硬竹扫帚扫出来，然后将之集中深埋，或浸泡或采用喷洒杀螟松等农药的方法来消灭。天牛开始活动了，可以用嫁接刀或自制钢丝挑除幼虫，但是伤口越小越好 （6）绿地内养护：注意大型绿地内的杂草及攀缘植物的挑除，对草坪也要进行挑草及切边工作 （7）草花：为迎接"五一"国际劳动节，替换冬季草花，注意做好浇水工作
5月	5月气温急剧上升，树木生长迅速	（1）浇水：树木展叶旺盛期，水分需求量很大，应适时浇水 （2）修剪：修剪残花，并对行道树进行第一次剥芽修剪 （3）防治病虫害：继续以捕捉天牛为主，刺蛾第一代孵化，但尚未达到危害程度，根据养护区内的实际情况制定相应措施。由蚧壳虫、蚜虫等引起的霉污病也进入了高发期（在紫薇、海桐、夹竹桃等植物上），在5月中下旬喷洒10～20倍的松脂合剂及50%三硫磷乳剂1 500～2 000倍液，以防治病害及杀死虫害（其他可用杀虫素、花保等农药）
6月	6月气温高	（1）浇水：植物需水量大，要及时浇水，不能只等下雨 （2）施肥：结合松土、除草、施肥、浇水，以达到最好的效果 （3）修剪：继续对行道树进行剥芽除蘖工作，对绿篱、球类及部分花灌木实施修剪 （4）排水工作：有大雨天气时要注意低洼处的排水工作 （5）防治病虫害：6月中下旬刺蛾进入孵化旺盛期，应及时采取措施，现基本采用50%杀螟松乳剂500～800倍液喷洒（或用复合BT乳剂进行喷施），继续对天牛进行人工捕捉 （6）做好树木防汛、防台风前的检查工作，对松动、倾斜的树木进行扶正、加固及重新绑扎
7月	7月气温最高，中旬以后会出现大风大雨情况	（1）移植常绿树：雨季期间，水分充足，可以移植针叶树和竹类，但要注意天气变化，高温天要及时浇水 （2）排涝：大雨过后要及时排涝 （3）施追肥：在下雨前干施氮肥等速效肥 （4）行道树：进行防台剥芽修剪，对电线造成干扰的树枝一律修剪，并逐个检查树桩，发现松垮、不稳应立即扶正绑紧，事先做好物资材料、工具设备等方面的准备，并随时派人检查，发现险情及时处理

（续）

月份	气候特征	绿化养护计划
7月	7月气温最高，中旬以后会出现大风大雨情况	（5）防治病虫害：继续对天牛及刺蛾进行防治，防治天牛可以采用50%杀螟松1：50倍液注射（或果树宝、园科三号），然后封住洞口，也可达到很好的效果。香樟樟巢螟要及时剪除，并销毁虫巢，以免再次发生危害
8月	8月仍为雨季	（1）排涝：大雨过后，对低洼积水处要及时排涝 （2）防台风：继续做好行道树的防台风工作 （3）修剪：除一般树木的夏季修剪外，还要对绿篱进行造型修剪 （4）中耕除草：杂草生长旺盛，要及时除草，并可结合除草进行施肥 （5）防治病虫害：以捕捉天牛为主，注意根部的天牛捕捉，同时对蚜虫、香樟樟巢螟要及时防治，潮湿天气下要注意及时采取措施防治白粉病及腐烂病
9月	9月气温有所下降，为迎接国庆做好相关工作	（1）修剪：迎接国庆工作，行道树三级分叉以下剥芽，对绿篱进行造型修剪，绿地内要除草，草坪切边，及时清理死树，做到树木青枝绿叶、绿地干净整齐 （2）施肥：对一些生长较弱、枝条不够充实的树木，应追施一些磷、钾肥 （3）草、花：为迎国庆，更换草、花，选择颜色鲜艳的草、花品种，注意浇水要充足 （4）防治病虫害：穿孔病发病高峰，采用500%多菌灵1000倍液，以防止侵染天牛开始转向根部，注意根部天牛的捕捉，对杨树、柳树上的木蠹蛾也要及时防治，做好其他病虫害的防治工作 （5）节前做好各类绿化设施的检查工作
10月	气温下降，下旬进入初冬，树木开始落叶，陆续进入休眠期	（1）做好秋季植树的准备，下旬耐寒树木一落叶，就可以开始栽植 （2）绿地养护：及时去除死树、浇水绿地、草坪挑草、切边，对草花生长不良的要施肥 （3）防治病虫害：继续捕捉根部天牛，也要注意防治香樟樟巢螟
11月	土壤开始夜冻，进入隆冬季节	（1）植树：继续栽植耐寒植物，在土壤冻结前完成 （2）翻土：对绿地土壤进行翻土，暴露准备越冬的害虫 （3）浇水：对干、板结的土壤进行浇水，要在封冻前完成 （4）防治病虫害：各种害虫在下旬准备过冬，防治任务相对较轻

（续）

月份	气候特征	绿化养护计划
12月	气温低，开始冬季养护工作	（1）冬季修剪：对一些常绿乔木、灌木进行修剪 （2）消灭越冬病虫害 （3）做好明年的工作调整准备：待落叶植物落叶以后，对养护区进行观察，绘制要调整的方位图

【实战范本02】北方地区年度绿化养护管理计划及方案

北方地区年度绿化养护管理计划及方案

月份	气候特征	绿化养护计划
1月	1月是全年气温最低的月份，露地苗木和草坪处于休眠状态	（1）修剪：全面展开落叶树木的整形修剪工作，根据各种树木的树龄、生长习性、树型特点做到有针对性的修剪。去除病虫枝、枯死枝、徒长枝、交叉枝等。对于没有做到定型的乔木，协调整体统一截干定型，树木做到三枝六叉十二头，保证树木的整体协调和丰满。对于花冠木，应根据观赏的需要及通风透光的要求，进行缩修以保证树型 （2）防病虫害：冬季是消灭园林绿化植物病虫害的有利时机，可在树下疏松的土中挖集虫蛹、虫茧，刮除枝干上的虫包、虫茧，剪除蛀干害虫多的树杈，进行集中烧毁 （3）维护巡查：随时检查苗木的防冻情况，发现防冻物有漏风的情况应及时补救。大雪大风后及时检查苗木的损伤情况，及时处理 （4）积雪：雪后对道路进行扫雪时，应将未喷洒过盐水和融雪剂的堆积在树木的根部和草坪中，有喷洒过盐水和融雪剂的忌堆积到绿化带中，尽量不在色带中堆压积雪
2月	气温较上月有所回升，苗木仍处于休眠状态	（1）修剪：继续进行苗木的整形修剪，月底前完成各种苗木的修剪工作 （2）防病虫害：结合修剪，在树下疏松的土中挖出虫蛹、虫茧，刮除枝干上的虫包、虫茧，剪除蛀干害虫多的树杈，进行集中烧毁 （3）维护巡查：随时检查苗木的防冻情况，发现防冻物有漏风的情况应及时补救。大雪大风后及时检查苗木的损伤情况，及时处理 （4）积雪：雪后对道路进行扫雪时，应将未喷洒过盐水和融雪剂的堆积在树木的根部和草坪中，有喷洒过盐水和融雪剂的忌堆积到绿化带中，尽量不在色带中堆压积雪 （5）做好春季绿化的各项准备工作

（续）

月份	气候特征	绿化养护计划
3月	气温继续上升，中旬以后树木开始萌芽，下旬有些树木已经开花	（1）苗木：春季是绿化的黄金季节。土壤解冻后，应立即抓紧时机进行绿化补栽、植树等工作。根据规划、设计方案，事先统计好需要补栽或种植的苗木数量，然后定点挖好坑，做到随掘苗、随运苗、随栽种、随浇水，以提高成活率 （2）春灌：华北地区春季干旱多风，蒸发量大。为防止春旱给绿化苗木带来的严重伤害，对需要浇水的各种树木、花卉、草坪应及时灌水，特别是上年新种植的苗木，冻水量不足的植物等根据气候回升情况、土壤解冻情况合理安排灌水，保证苗木的水分需求 （3）拆除防寒物：随着气温上升，对冬季所用的防寒物应适时拆除 （4）施肥：土壤解冻后，根据植物的生长特点及日常管理措施结合灌水适当的施入基肥，保证营养供给。常用基肥多为有机肥或复合肥 （5）修剪：在冬季修剪的基础上进行复剪，特别是剪除风干抽梢严重的枝条，以及将各种原因造成伤害的枝条断截，并适时进行剥芽 （6）防止病虫害：本月是防治树木病虫害的关键时刻，根据树种的需要，有条件的采用喷刷药剂等措施，为全年防止病虫害打下良好基础，需要防治的病虫害有介壳虫、蚜虫、天牛、柏锈病 （7）除草：及时清除阔叶杂草 （8）为新的绿化区域做好土壤处理工作
4月	气温继续回升，树木均已发芽、开花及展叶，开始进入生长旺盛期	（1）苗木的栽植：上旬应抓紧时间种植萌芽晚的苗木，争取在萌芽前全部完成种植任务 （2）浇水：根据各种植物生长状况继续进行春灌 （3）施肥：结合浇水施入基肥，争取月底前所有苗木都春灌一次、施肥一次 （4）修剪：继续剪除冬春干枯的枝条，对早春开花的灌木适时进行花后修剪，以疏、截为主。对常绿树木及绿篱进行修剪，绿篱的修建高度根据观赏需要而定，但不应低于上年的修剪高度。对造型绿篱要保证其原有的形状特征，使其轮廓清晰，层次有序。根据草坪的长势、高度进行修剪，高度保持在5～9厘米。对上年生长旺盛、密度较大的草地，第一次修剪可以重剪，有条件的可以先疏草打孔再修剪 （5）病虫害的防治：柏树、桃树、海棠等树木芽、叶上的红蜘蛛开始出现，白蜡树上的介壳虫，榆叶梅、碧桃、月季等树木上蚜虫等也相继活动，对所有的绿化植物必须全面的、均匀地喷洒一遍药物，以降低虫量，减轻危害

（续）

月份	气候特征	绿化养护计划
4月	气温继续回升，树木均已发芽、开花及展叶，开始进入生长旺盛期	（6）除草：随着温度上升，杂草生长加速，清除草坪杂草是保证草坪正常生长的一项措施 （7）新的绿化区域的绿化工作已全面展开 （8）维护：许多先花后叶的早春苗木类正集中在本月开花，应加强看护，防止人为的攀折损坏，对伤残枝及时进行处理，以免影响树体及观赏效果
5月	气温急剧上升，进入夏季，各种植物生长迅速	（1）浇水：树木抽枝展叶盛期，春季开花的花灌木也正处于开花期，绿篱及各种色块也逐渐进入生长期，草坪上草的长势也进一步加速，各种植物的需水量很大，应适时浇水满足苗木的生长要求，并及时松土 （2）施肥：根据植物的生长发育情况，结合浇水追施一些速效氮肥。特别是草坪，为均匀长势，加强整体的观赏效果，遵循"弱多强少"，做到有针对性的施肥，且以速效氮肥为主 （3）修剪：新栽苗木的剥芽。早春花灌木已陆续进入开花末期，加强花后修剪工作，以疏枝、断截措施为主，及时剪除因折断等而枯黄的枝叶，维持树型，均衡树势。对于常年开花的植物，如月季，要及时剪除残花，减少营养损失。绿篱及色块要修剪一次，平时剪个别长枝条进行局部修整，保证造型轮廓明显、层次分明，提高观赏效果。草坪修剪频率逐渐增加，基本上15～20天一次，高度保持在5～9厘米。修剪时应注意不要有明显的漏剪痕迹，剪下的草屑应及时清运，不得堆积在草坪里 （4）病虫害的防治：槐树的蚜虫、桃树瘤蚜、国槐尺蠖、红蜘蛛等，榆叶梅、碧桃、月季等树木上蚜虫等也加剧活动，因此对所有的绿化植物必须全面的、均匀地喷洒一遍药物，以降低虫量，减轻危害。喷洒药物时注意安全 （5）除草：杂草生长加速，及时清除草坪杂草，对绿篱及色块内生出的杂生植物、爬藤等应及时予以连根清除 （6）要抓紧进行新的绿化区域的绿化工作
6月	气温偏高，燥热	（1）浇水：树木、灌木、花卉、草坪、绿篱及各种色块进入生长旺盛期，各种植物的需水量很大，应适时浇水满足苗木的生长要求，并及时松土 （2）施肥：根据植物的生长发育情况，结合浇水为均匀长势，加强整体的观赏效果，遵循"弱多强少"的原则，做到有针对性地局部补施肥，施肥量要小，特别是速效氮肥

（续）

月份	气候特征	绿化养护计划
6月	气温偏高，燥热	（3）修剪：雨季将至，可对树冠大、叶密、根浅的苗木（洋槐、法桐等）进行适当疏剪，对与高压电线及路灯、建筑物有交叉的枝杈也应进行剪除，同时要及时去除根蘖及瘪蘖。剪除因刮风下雨折断等而枯黄的枝叶，维持树型，均衡树势。剪除残花，减少营养损失。绿篱及色块要剪除个别长枝条进行局部修整，保证造型轮廓明显，层次分明，提高观赏效果。草坪修剪，基本上10～15天一次，高度保持在5～9厘米。修剪时应注意不要有明显的漏剪痕迹，剪下的草屑要及时清运，不得堆积在草坪里 （4）病虫害的防治：本月主要需要防治的是紫薇长斑蚜、黏虫、杨柳合欢树上的光肩天牛、槐树的蚜虫、国槐尺蠖、红蜘蛛、榆叶梅、碧桃、月季等树木上的蚜虫以及月季黑斑病等。全面、均匀地喷洒药物，药物种类要交替使用，避免产生抗药性。喷洒时要注意风向，保证安全 （5）除草：及时清除草坪及各种树木下的杂草，对绿篱及色块内生出的杂生植物、爬藤等应及时予以连根清除，防止草荒 （6）准备排水：雨季将至，对于低洼、易积水的绿化区域，应预先挖好排水沟等，以便解急
7月	本月气温最高，中旬以后开始进入雨季，多风雨，典型的高温高湿	（1）浇水：应根据雨量减少浇水量和次数，并及时松土 （2）施肥：做到有针对性地局部补施肥 （3）修剪：雨季来临，对树冠大、叶密、根浅的苗木适当进行疏剪，及时去除根蘖及瘪蘖。剪除因刮风下雨折断等而枯黄的枝叶，维持树型。剪除残花，减少营养损失。绿篱及色块要剪除个别长枝条进行局部修整。草坪修剪，基本上10～15天一次，高度保持在5～9厘米，也可以适当放低修剪，增加通透性，减少病害的发生。修剪时应注意不要有明显的漏剪痕迹，剪下的草屑要及时清运，不得堆积在草坪里 （4）病虫害的防治：本月主要病虫害是草坪上的黏虫、天牛，槐树的蚜虫、国槐尺蠖、蚜虫、黄刺蛾等各种蛾类害虫以及月季黑斑病、白蜡黑斑、柏锈病等。还要注意预防草坪病害的大发生。喷洒药物时，药物种类要交替使用，避免产生抗药性。同时要注意风向，保证安全 （5）除草：及时清除草坪及各种树木下的杂草，对绿篱及色块内生出的杂生植物、爬藤等应及时予以连根清除，防止草荒 （6）移植常绿树：雨季期间，水分充足，空气湿度大，蒸发量低，可以移植常绿树

（续）

月份	气候特征	绿化养护计划
7月	本月气温最高，中旬以后，开始进入雨季，多风雨，典型的高温高湿	（7）准备排水：大雨过后，对于低洼易积水的绿化区域，应及时做好排水防涝工作 （8）维护：雨季多风雨。容易发生树木歪倒等情况，应事先做好物资、人力、设备等方面的准备。随时检查，发现情况及时处理，及时扶正歪倒的苗木或支立柱
8月	本月气温较高，雨季，多风雨，高温高湿	（1）浇水：适时浇水，及时松土 （2）施肥：局部补肥 （3）修剪：对苗木适当进行疏剪、除根蘗、疯蘗，剪除因折断等枯黄的枝叶。剪残花，减少营养损失。绿篱及色块要剪除个别长枝条。草坪修剪，基本上10～15天一次，高度保持在5～9厘米，也可以适当放低修剪，增加通透性，减少病害的发生。修剪时不要有漏剪痕迹，剪下的草屑应及时清运，保持草坪清洁 （4）病虫害的防治：本月主要病虫害是草坪上的黏虫、天牛，槐树的蚜虫、国槐尺蠖、蚜虫、黄刺蛾等各种蛾类害虫以及月季黑斑病、白蜡黑斑、柏锈病等。还要注意蚧壳虫及草坪病害。药物种类要交替使用，避免产生抗药性。喷洒时要注意风向，保证安全 （5）除草：及时清除草坪及各种树木下的杂草，对绿篱及色块内生出的杂生植物、爬藤等应及时予以连根清除，防止草荒 （6）移植常绿树：可以继续移植常绿树 （7）准备排水：大雨过后，对低洼积水区域要做好排水防涝工作 （8）维护：随时检查，发现情况及时处理，及时扶正歪倒的苗木或支立柱
9月	气温开始下降	（1）浇水：适时浇水，及时松土 （2）施肥：局部补肥。对一些生长较弱、枝条不充实的苗木，应补施一些磷钾肥，促进其发育 （3）修剪：临近国庆，做好迎接国庆的工作。伐除死去的苗木，修剪枯干枝，除根蘗、疯蘗，剪残花。上半个月做好绿篱及色块整形修剪。国庆前夕所有草坪要修剪一遍，高度保持在5～9厘米，修剪时不要漏剪，剪下的草屑应及时清运，保持草坪清洁，园容干净整洁 （4）病虫害的防治：本月主要防治的是草坪上的黏虫、蚜虫、红蜘蛛、白粉虱等及草坪病害 （5）除草：及时清除草坪及各种树木下的杂草，绿篱及色块内生出的杂生植物、爬藤等

（续）

月份	气候特征	绿化养护计划
10月	气温继续下降	（1）准备秋季植树：下旬耐寒树木一落叶，就可以按计划开始栽植 （2）浇水：适时浇水，及时松土，下旬开始浇灌冻水，冻水一定要浇匀、浇足 （3）施肥：结合冻水，可以追施一些复合肥，提高苗木的抗寒性 （4）修剪：继续伐除死去的苗木，修剪枯枝，除根蘖、疯蘖，剪残花。根据草坪上草的长势适当进行修剪。绿篱除剪下过长枝条外，一般不再进行修剪。为冬季修剪做好准备 （5）病虫害的防治：本月主要防治的是草坪上的黏虫、蚜虫 （6）除草：彻底清除草坪及各种树木下的杂草，绿篱及色块内生出的杂生植物、爬藤等。清扫落叶，保持干净
11月	土壤夜冻日化，进入隆冬季节	（1）秋季植树：继续栽植耐寒树木，在土壤解冻前完成 （2）浇灌冻水：继续对苗木、草坪浇灌冻水，尤其是新栽植的苗木要浇灌透水，在土壤冻结前完成 （3）防寒：对不耐寒的树木做好越冬防寒的准备工作 （4）施肥：有条件的可以在土壤封冻前施基肥 （5）涂白
12月	上旬大雪节气前后，土壤全部封冻	（1）修剪：全面展开落叶树木的整形修剪工作，根据各种树木的树龄、生长习性、树型特点做到有针对性的修剪。去除病虫枝、枯死枝、徒长枝、交叉枝等，对于没有做到定型的乔木，协调整体统一截干定型，树木做到三枝六叉十二头，保证树木的整体协调和丰满，对于花冠木要根据观赏需要做到通风透光，进行缩修，保证树型 （2）消灭病虫害：清除残枯枝、落叶，对病残枝进行焚烧处理，消灭过冬病原

9.4 绿化服务监督检查

9.4.1 做好现场工作记录

为使绿化服务监督工作有记录可循，物业公司可设计标准的记录表格（如表9-2和表9-3所示），供绿化人员在工作完毕后进行记录，同时主管巡查结束后也可将评价登记于表中。

表 9-2　绿化现场工作周记录表

物业管理处：　　　　　　　　　岗位责任人：　　　　　　　　岗位范围：

检查项目		日期	月　日	月　日	……	月　日
绿化工工作（此格由绿化班长填写，无绿化班长的由绿化工填写）						
绿化工着装整洁，符合要求						
草坪	修剪平整，高度为 2 ～ 8 厘米					
	无黄土裸露					
	无杂草、病虫和枯黄					
乔灌木	无枯枝残叶和死株					
	修剪整齐，有造型					
	无明显病虫和粉尘污染					
绿篱	无断层缺株现象					
	修前整齐有造型					
	无明显病虫和粉尘污染					
花卉	无病虫					
	无杂草，花开正常					
	修前整齐					
藤本	枝蔓无黄叶长势良好					
	蔓叶分布均匀					
	无明显病虫和粉尘污染					
浇水施肥	是否及时					
	方法是否正确					
	有无浪费现象					
	是否按时查病虫					
园艺设施	护栏、护树架、水管、水龙头是否良好					
	供水设施、喷灌等是否完好					
	园艺设施维修是否及时					

（续）

检查项目 ＼ 日期	月　日	月　日	……	月　日
绿化药剂是否符合标准				
作业过程是否佩戴安全防护用具				
是否通知业主（用户）并做出相应标识				
物业管理处环境组				
物业管理处经理				
其他各级督导				

备注：

　　1.此表使用完后由物业管理处环境组负责更换保存，填写物业管理处名称、岗位责任人、岗位范围及日期。

　　2.各级督导发现无不合格在格内打"√"，发现不合格在格内打"×"，并在相应位置签名。

表 9-3　园艺现场工作记录

物业管理处：　　　　　　　　岗位责任人：　　　　　　　　岗位范围：

检查项目 ＼ 日期		月　日	月　日	……	月　日
园艺工工作（此格由园艺班长填写，无园艺班长的由园艺工填写）					
园艺工着装整洁，符合要求					
草坪	修剪平整，高度为 2～8 厘米				
	无黄土裸露				
	无杂草、病虫和枯黄				
乔灌木	无枯枝残叶和死株				
	修剪整齐，有造型				
	无明显病虫和粉尘污染				
绿篱	无断层缺株现象				
	修剪整齐有造型				
	无明显病虫和粉尘污染				

（续）

检查项目		日期 月　日	月　日	……	月　日
花卉	无病虫				
	无杂草，花开正常				
	修剪整齐				
藤本	枝蔓无黄叶长势良好				
	蔓叶分布均匀				
	无明显病虫和粉尘污染				
浇水施肥	是否及时				
	方法是否正确				
	有无浪费现象				
	是否按时查病虫				
园艺设施	护栏、护树架、水管龙头是否良好				
	供水设施、喷灌等是否完好				
	园艺设施维修是否及时				
绿化药剂是否符合标准					
作业过程是否佩戴安全防护用具					
是否通知业主（用户）并做出相应标志					
物业管理处环境组					
物业管理处经理					
其他各级督导					

备注：

　1.此表使用完后由物业管理处环境组负责更换保存，填写物业管理处名称、岗位责任人、岗位范围及日期。

　2.各级督导发现无不合格在格内打"√"，发现不合格在格内打"×"，并在相应的位置签名。

9.4.2　将监督制度化

　　绿化监督工作不只是绿化部门的事情，物业公司应将涉及的人员及工作程序、处理方式以制度的形式规定下来，具体包括以下几点。

（1）物业管理处保安队长、保洁班长经常对小区的各区域进行巡查，发现有植物死亡或损坏一定要及时通知绿化主管，并填写"绿化监督检查记录表"，保证小区的绿化完好率达99%。

（2）监督绿化工是否按规定对小区的绿化进行施肥、浇灌、杀虫、修剪等作业，保证小区的绿化不生虫、不缺肥、不缺水、不乱长等。

（3）如发现小区的绿化出现以上不良现象，要立即通知绿化主管进行养护、培植等工作。

（4）每月由保洁班长定期对小区各区域的绿化进行巡查，并填写"每月绿化检查记录表"（如表9-4所示）。

（5）如发现有人乱踏花草或破坏植物，一定要进行阻止，保证小区绿化能得到有效的保护，给花草一个良好的生长环境，也给业主（用户）一个良好的自然环境。

（6）每月由经理助理进行检查，保证各项工作顺利完成。

表9-4　每月绿化检查记录表

检查人：　　　　　　　　年　月　日　　　　　　　编号：

检查项目	不合格原因	责任人	处理结果	备注
除杂草				
松土				
清理枯枝落叶				
清理绿地石块				
树木草地浇水				
叶面清洁度				
树木施肥				
乔木整枝				
灌木整枝				
绿篱修缮				
防寒工作				
防台工作				
草坪修整				
草坪补缺				
草坪填平				

9.5　强化绿化安全控制

物业公司开展绿化工作时必须高度重视安全管理，确保操作人员、绿化设备、树木、花卉等的安全。绿化操作人员应当遵守绿化安全作业管理制度，按照安全操作规程进行操作，避免因违反规程导致事故发生。

【实战范本 03】绿化安全作业管理制度

绿化安全作业管理制度

为确保绿化人员在绿化作业时的人身安全，圆满完成各项工作，特制定本制度。

1. 绿化人员上岗作业前，必须经过安全教育和安全培训，时刻树立安全意识，在熟知本岗位业务的同时，熟练掌握必要的安全知识和技能。

2. 绿化人员上岗作业时，要保持身体和精神状态良好，精力集中，不带病和疲劳作业。

3. 绿化人员上岗作业时，必须身穿带有安全标志的绿化工作服装，必要时系好安全带，戴好安全帽。

4. 利用登高工具处理枯死树、倒伏树、劈叉枝，修剪树冠，摘除树上塑料袋、悬挂物及摘挂标语、拆卸物品时，需确保登高工具的稳定性和耐损性，要有专人把扶，防止倾倒，保证作业区域下方无人员停留和易损物。

5. 相关人员佩戴安全绳，作业地区周边放有安全桩，现场设置警戒带，防止无关人员进入作业区域。

6. 要专人保管、专人使用绿化专用机械设备工具等，经常维修养护，使用时保证安全性能良好。

7. 油锯作业时，特别是在高空使用油锯时，要保证作业现场下方无人停留，现场设有安全标志和警戒带，防止车辆和无关人员进入作业现场。

8. 喷药作业时，配药人员和现场工作人员要戴好口罩及手套，做好自身安全防护，现场喷洒时要有 1 ～ 2 人在现场维持秩序。

9. 浇水作业时，保证水枪喷水头完好，喷水时集中精神，防止溅到行人身上，特别是在人行道和狭窄地段作业时要避让非机动车和行人，做到安全施工、文明施工。

9.6 加强绿化外包管理

由于绿化工作的专业性较强，许多物业公司都选择将这项工作进行外包，物业项目经理的绿化管理重点是外包商的选择和外包服务的监控。

9.6.1 绿化外包准备工作要点

物业项目经理在对绿化管理项目进行外包之前，必须做好各项准备工作，包括绿化面积的测量、绿地类型及植物种类和数量的统计、管理质量的标准及操作频度的制定、纠正或处罚制度的制定、管理费用的测算、配套设施设备及工具房、水电接口等的准备等。

9.6.1.1 作业频度

作业频度要根据物业绿化保养的标准来确定，具体包括绿化项目、工作频度及具体要求，如表 9-5 所示。

表 9-5 外包绿化养护作业频度要求

序号	项目	工作具体要求
1	浇水（草坪和灌木为主）	冬、春季晴天视天气情况每 2 ~ 3 天浇水一次；夏、秋季每天浇一次
2	清理绿化垃圾	修剪下来的树枝和杂草要当天清运，不准就地焚烧
3	补植	对因管理不善造成的残缺花草、树木、草坪露黄土部分要及时补植恢复
4	防风防汛	积极预防，对树木进行加固，及时清除倒树、断枝，疏通道路，清理扶植不得超过 2 天
5	防止人为、车辆破坏	确保绿化完整，出现人为或车辆损坏时要及时恢复，并采取有效措施封闭绿化带
6	松土、除杂草	草坪等每月除草一遍，雨后杂草严重者每周除草一遍，草坪上不允许有杂草，花木丛中不允许有高于花木的杂草

（续）

序号	项目	工作具体要求
7	施肥	草地每天施肥一次，施肥量每次____千克／100 平方米；灌木每年施肥____次，施肥后回填泥土、踏实，淋足水，做到施肥均匀、适度，施肥量每次____千克／100 平方米；乔木每年施肥____次，施肥量每次____千克／棵
8	修剪整形	草地：夏、秋季____次／月，冬、春____次／季灌木：春、秋季____次／季，乔木冬季修剪一遍
9	病虫害防治	坚持"预防为主，综合治理"的原则，一旦发现疫情要立即喷药防治，每天喷药一次

9.6.1.2　验收标准

不同的验收标准会导致外包费用的不同，有了标准之后，供方在操作时可按标准执行，物业管理处进行检查时也有据可查，操作时可依据表 9-6 的提示。

表 9-6　外包绿化养护验收标准

项目	验收标准	扣罚依据
浇水	1. 保持植物良好长势，不出现大面积枯萎等缺水现象 2. 秋冬季保持草地基本青绿	旱季（秋冬）超过一天不浇水并出现大面积枯黄、落叶失水现象扣____元／平方米
施肥	做到施肥均匀、充足、适度，保证绿化植物枝叶茂盛	施肥量以物业管理处在"绿化养护工作记录表"中的记录为准，不够量要按实扣款
修剪整形	1. 草地：要求草的高度一致，整齐美观，无疯长现象 2. 乔灌木：植物主枝分布均匀，通风透气、造型美观、绿篱整齐一致、无空腔现象	草长超过厘米按____元／平方米，地被超过____厘米按____元／平方米，绿篱未按时修剪造成疯长、明显空腔的按____元／平方米扣款
病虫害防治	病株、虫害现象不成灾；发现病虫害及时防治	出现大面积虫害、病株并成灾，影响观赏时，可要求全面更植同规格花木，费用由园林公司负责
除杂草松土	单纯草种纯度____％以上，花丛下无杂草，树盘内无严重杂草	树盘规则明显，如有严重杂草并影响观赏时扣____元／平方米

（续）

项目	验收标准	扣罚依据
补植	能满足植物生长的条件下无黄土裸露，做到绿化完好率＿＿＿% 以上，草坪无积水、无明显沟缝，对局部缺光地块换耐阴植物	因管理原因逾期不补，按如下标准扣罚： 乔木＿＿＿元／株 灌木＿＿＿元／株 草坪＿＿＿元／平方米
清理绿化垃圾	保洁率达＿＿＿% 以上并有专人跟踪保洁	超过两天每处每夜罚＿＿＿元
防风防汛	尽快恢复原状，以免影响交通和人行	因未及时扶植、管理不当造成损失，园林公司负责恢复
人为车辆破坏	恢复和封闭效果明显	园林公司负责栽植恢复

9.6.2　绿化供方评定与选择

9.6.2.1　制定供方评定标准

在进行招标或选择供方前，首先根据质量要求提出切合实际的供方评定标准，再向专业公司发出招标函；然后由公司分管领导及 3～5 名专业人士组成供方评定小组，根据制定的评定标准对应标的专业公司进行评审，将评审合格的专业公司记录在"合格分供商记录表"中，存档备用。在合格分供商中，综合评分高、价格低者当选。一般供方评定的标准包括：

（1）供方专业资质、营业执照及资金实力；

（2）供方技术力量、管理经验；

（3）供方以往的专业业绩及口碑；

（4）供方的管理能力及管理制度、培训制度等；

（5）供方的设备及工具完善程度；

（6）供方的管理方案。

9.6.2.2　审核供方提供的资料

供方参加评审时应提交以下资料：

（1）供方的资质证明、营业执照；

（2）主要技术人员的学历证明及个人资料；

（3）供方以往主要工作业绩；

（4）供方公司主要规章制度；

（5）供方主要园林绿化管理操作规程；

（6）供方主要园林机构工具名称及数量；

（7）针对待分包项目的工作计划。

9.6.3　绿化外包合同签订

在选定管理单位后，经双方协商签订承包合同。合同内容应包括甲方（外包方）单位名、乙方（承包方）单位名、管理面积、单位管理面积费用、总费用、付款方式与时间、双方责任与义务、管理质量标准、违约或管理不达标的处理方法等。

9.6.4　外包绿化服务监督检查

物业项目经理最好指定专人负责外包绿化的监督检查工作，自己也要定期参与检查、分析。物业项目经理要按照如下流程做好监督检查工作：

（1）检查人员按规定进行检查；

（2）根据检验标准判断是否达到绿化质量标准。如果未达到，则要下达整改通知，要求绿化养护专业公司进行改善；

（3）记录检查情况；

（4）月末汇总检查记录，总结评估绿化质量，要求绿化公司按评估报告检讨并改善工作。

学习思考

1. 物业绿化日常管理的范围有哪些?

2. 如何在业主（用户）中进行宣传，从而树立保护环境和维护绿化的意识?

3. 如何根据不同地区的气候特征，个性化地制订具有地域特征的绿化养护工作计划?

4. 如何对绿化服务进行监督检查?

5. 绿化安全控制措施有哪些?

6. 外包绿化养护作业频度要求有哪些?

7. 如何选择绿化外包服务商?

8. 如何对外包绿化服务进行监督检查?

学习笔记

第十章　物业辖区保洁管理

▶ **学习目标**

1. 能描述保洁管理的范围。

2. 能根据所辖项目的规模设置保洁管理机构，并进行职责划分。

3. 能制订清扫保洁工作每日、每周、每月、每季度直至每年的计划。

4. 能制定保洁操作程序和保洁质量标准。

5. 能说明质量检查四级制、质量检查的要求，能实施保洁质量管理。

6. 能对清洁承包公司进行考察，并对承包商的服务加以评价。

导读 >>>

环境卫生管理是物业管理中的一项经常性服务工作，其目的是净化环境，给业主和使用人提供卫生、舒适、优美的工作和生活环境。良好的生活环境不但有益于业主们的身体健康，更是反映物业管理水平的重要标志。因此，物业项目经理必须重视保洁管理工作。

10.1　保洁管理的范围

物业项目经理必须对保洁管理的范围有全面的了解。不同的物业项目，其保洁的范围就不一样，总体来说包括以下几个方面。

10.1.1　公共场所保洁管理

公共场所保洁管理的范围如表 10-1 所示。

表 10-1　公共场所保洁管理的范围

序号	范围	主要内容
1	室内公共场所的清洁和保养	主要是指围绕居民住宅楼、商超等楼宇内开展的物业保洁，包括楼内大堂、楼道、大厅等地方的卫生清扫、地面清洁、地毯清洗；门、玻璃、墙裙、立柱等物品的擦拭；卫生间的清扫与清洁
2	室外公共场所的清扫和维护	室外公共场所主要有道路、花坛、绿地、停车场地、建筑小品、公共健身器材等。重点应做好地面清扫、绿地维护、建筑小品维护和清洁等

（续）

序号	范围	主要内容
3	楼宇外墙的清洁和保养	主要是指楼宇的外墙清洁和墙面的保养，以及雨篷等楼宇的附属设施维护

10.1.2 生活垃圾管理

10.1.2.1 生活垃圾的收集和清运

物业项目经理应熟悉物业管辖范围内居住人员情况和物业设施设备的用途，并据此确定垃圾产生量，从而确定垃圾收集设施的规模；合理布设垃圾收集设施的位置，包括垃圾桶、垃圾袋、垃圾箱等；制订日常的清运计划和时间安排。

10.1.2.2 装修建筑垃圾的收集和清运

因为建筑垃圾产生量大、品种相对稳定、不宜降解，所以，如果建筑垃圾混杂在普通生活垃圾中，就会降低生活垃圾的热值，从而使生活垃圾难以采用焚烧处置或占用卫生填埋场地，增加了生活垃圾处理的难度。因此，对于装修产生的建筑垃圾，应单独收集和清运，并采取综合利用的办法进行处置。

10.1.2.3 垃圾收集设施的维护和保养

近年来，垃圾收集设施的品种和规格不断增加，垃圾场中转设施更加完善，各种形状、规格的垃圾箱、果皮箱逐渐取代了传统的大型铁皮垃圾箱（如图 10-1 和图 10-2 所示），因此物业项目经理应根据垃圾收集设施的特点，安排人员经常性地对其进行维护和保养。

图 10-1 垃圾箱

图 10-2　垃圾屋

10.1.3　公共场所卫生防疫管理

10.1.3.1　公共场所传染病控制

公共场所包括旅店、文化娱乐场所、公共浴池、图书馆、博物馆、医院候诊室、公交汽车、火车等。就目前物业管理范围而言，重点涉及的是宾馆、商场、办公楼等公共场所的消毒问题。

10.1.3.2　公共场所杀虫、灭鼠

公共场所有许多病媒动物，它们容易在人群居住地区传播疾病，尤其是苍蝇、老鼠、蚊子、臭虫和蟑螂等。

10.2　保洁管理规划

10.2.1　保洁管理机构设置及职责划分

保洁管理工作由物业公司管理部或保洁部具体实施。保洁部一般设部门经理（保洁主管）、技术员、仓库（保洁设备、工具与物料）保管员和保洁员等。其下属班组可以根据所辖物业的规模、类型、布局以及清洁对象的不同而灵活设置。

规模较大的物业公司的保洁部可以下设楼宇清洁服务班、高空外墙清洁班和公

共区域清洁班等班组，各班组设保洁领班和若干经过专业培训的保洁员。物业公司从所辖物业和服务对象的实际情况出发，建立部门、班组、人员的岗位规范、工作流程、服务标准和奖惩办法，从而做到保洁管理规范化、标准化、制度化。

10.2.2 配备必要的硬件设施

为了增强保洁工作的有效性，物业公司还应配备与之有关的必要的硬件设施，如在每家每户门前安置一只相对固定的定制的 ABS 塑料垃圾桶。

10.2.3 制订保洁计划

物业项目经理应制订清扫保洁工作每日、每周、每月、每季直至每年的计划，如表 10-2 所示。

表 10-2 清扫保洁工作计划

序号	周期	清洁工作内容
1	每日	（1）辖区（楼）内道路清扫两次，全天保洁 （2）辖区（楼）内绿化带，如草地、花木灌丛、建筑小品等处清扫一次 （3）楼宇电梯间地板拖洗两次，四周护板清抹一次 （4）楼宇各层楼梯及走廊清扫一次，楼梯扶手清抹一次 （5）收集每户产生的生活垃圾及倾倒垃圾箱内的垃圾，并负责清运至指定地点
2	每周	（1）楼宇各层公共走廊拖洗一次（主要指高层楼宇,可一天拖洗数层，一周内保证全部拖洗一遍） （2）业户信箱清拭一次 （3）天台（包括裙房、车棚）、天井和沟渠清扫一次
3	每月	（1）天花灰尘和蜘蛛网清除一次 （2）各层走廊公用玻璃窗擦拭一次（每天擦拭数层，一个月内保证全部擦拭 1 次） （3）公共走廊及路灯的灯罩清拭一次
4	每季	楼宇的玻璃幕墙擦拭一次
5	每年	（1）花岗石、磨石子外墙拟每年安排清洗一次 （2）一般水泥外墙拟每年安排粉刷一次等

10.3　制定保洁操作程序

保洁操作程序既包括各项保洁工作的作业程序，也包括员工的日常工作程序。物业项目经理在制定保洁操作程序时，除了确定各项保洁的作业程序外，更要确定作业频度和保洁员工每日的操作流程，即把员工每天的工作安排得井井有条，每项工作都有时间表，便于管理者检查。

【实战范本01】住宅区保洁员工作程序

住宅区保洁员工作程序

一、工作范围

物业公司管辖区域住宅区的清洁。

二、作业程序

1. 室内部分

（1）早晨____－____清扫底层单车房和楼道口。

（2）上午____－____清扫、拖抹楼道，清洁墙面，清扫天花板、雨篷，清洁水池，清运杂物。

（3）下午____－____擦抹扶手、电子门、信报箱、电表箱、窗户、消火栓、管、开关、灯具等。

2. 室外部分

（1）早晨____－____清扫一遍马路、草地、公共场地、停车场；清运垃圾池、垃圾箱里的垃圾，并用清水冲洗。

（2）上午将垃圾拖运到中转站，并清洗中转台和排水沟以及各自的手推垃圾车，值班员用喷雾器对中转台及周围地面喷药。

（3）对各自责任区内的马路、草地、污（雨）水井、沙井、散水坡、排水沟等进行全面清洁，每小时循环一遍。

（4）下午____－____清运各责任区垃圾池、垃圾箱内的垃圾，清洗垃圾中转台，并喷药；清洗垃圾池或垃圾箱，对各自责任区进行保洁，每小时循环一遍。

（5）公共场所，如中心花园、大门口、综合超市周围、停车场等在中午____－

_____和下午_____—_____安排清洁工值班保洁。

三、标准

符合清洁工作检验标准。

10.4　制定保洁质量标准

　　物业项目经理在制定保洁质量标准时，可参照物业区域环境保洁的通用标准——"五无"，即无裸露垃圾、无垃圾死角、无明显积尘积垢、无蚊蝇虫滋生地、无"脏乱差"顽疾。另外，建设部颁布的《全国城市马路清扫质量标准》中，有两条可以作为物业区域道路清扫保洁质量的参考：一是每天普扫两遍，每日保洁；二是达到"六不""六净"标准，即不见积水、不见积土、不见杂物、不漏收堆、不乱倒垃圾、不见人畜粪，路面净、路沿净、人行道净、雨水口净、树坑墙根净和废物箱净。

　　为使服务质量标准切实可行，保洁质量标准必须具体、可操作，最好是将检验方法和清洁频率等都确定下来。以下是某物业小区的保洁质量标准。

【实战范本 02】保洁质量标准

保洁质量标准

分类	序号	项目	标准	检验方法	清洁频率
室外组	1	路面、绿地、散水坡	无瓜果皮壳、纸屑等杂物，无积水，无污渍；每十平方米内的烟头及相应大小的杂物不超过一个	沿路线全面检查	每天彻底清扫两次；每半小时循环一次；每月用水冲刷一次
	2	果皮箱	内部垃圾及时清理，外表无污迹、黏附物	全面检查	每天清倒两次；每天刷洗一次；每周用洗洁精刷一次

（续）

分类	序号	项目	标准	检验方法	清洁频率
室外组	3	垃圾屋	地面无散落垃圾，无污水、污渍，无明显污迹	全面检查	每天清倒、冲刷两次；每周用清洁剂刷洗一次
	4	垃圾中转站	地面无散落垃圾，无污水、污渍，墙面无黏附物，无明显污迹	全面检查	每天清理刷洗两次
	5	标志牌、雕塑	无乱张贴，目视表面无明显灰尘，无污迹	全面检查	每天清抹一次
	6	沙井	底部无垃圾，无积水、积沙，盖板无污迹	抽查三个井	每天清理一次
	7	雨、污水管、井	检查井内壁无黏附物，井底无沉淀物，水流畅通，井盖上无污迹	抽查五个井	雨、污水井每年清理一次；污水管道每半年疏通一次
	8	化粪池	不外溢污水	全面检查	每半年吸粪一次
地下室	1	车库地面	无垃圾、杂物，无积水，无泥沙	抽查五处	每天清扫两次，每两小时循环一次，每月用水冲刷一次
	2	车库墙面	目视无污迹，无污渍，无明显灰尘	抽查五处	每月清扫、冲洗一次
	3	地下车库的标志牌、消火栓、公用门等设施	目视无污迹，无明显灰尘	抽查五处	每月用洗洁精清抹一次，灯具每两月擦一次
	4	车库和天台管线	目视无积尘，无污迹	抽查五处	每两月用扫把清扫一次
室内组	1	雨篷	目视无垃圾，无青苔，无积水	全面检查	每周清理一次
	2	天台、转换层	目视无垃圾，无积水，无污迹，明沟畅通	抽查五处	每天清理一次
	3	水磨石、水泥、大理石、地毯地面的清洁	无垃圾杂物，无泥沙，无污渍，大理石地面打蜡抛光后有光泽；地毯无明显灰尘，无污渍	抽查五处	每天清扫一次，大理石打蜡每两月一次；每周抛光一次；地毯吸尘每周一次；地毯清洗每季度一次

（续）

分类	序号	项目	标准	检验方法	清洁频率
室内组	4	大理石、瓷片、乳胶漆、喷涂墙面的清洁	大理石、瓷片、喷涂墙面用纸巾擦拭50厘米无明显灰尘，乳胶漆墙面无污迹，目视无明显灰尘	抽查七层，每层抽查三处	大理石打蜡每半年一次；抛光每月一次，乳胶漆墙面扫尘、喷涂、瓷片墙面擦洗每月一次
	5	天花板、天棚	距一米处目视无蜘蛛网，无明显灰尘	抽查七层，每层抽查三处	每月扫尘一次
	6	灯罩、烟感、吹风口、指示灯	目视无明显灰尘，无污渍	抽查七层，每层抽查三处	每月清抹一次
	7	玻璃门窗	无污迹，清刮后用纸巾擦拭无明显灰尘	抽查7层，每层抽查3处	玻璃门每周刮一次；玻璃窗每月刮一次
	8	公用卫生间	地面无积水，无污渍，无杂物；墙面瓷片、门、窗，用纸巾擦拭无明显灰尘，便器无污渍；天花、灯具目视无明显灰尘，玻璃、镜面无灰尘，无污迹	全面检查	每天清理两次；每两小时保洁一次
	9	公用门窗、消火栓、标志牌、扶手、栏杆	目视无明显污迹，用纸巾擦拭无明显灰尘	抽查七层，每层抽查三处	每天清抹一次（住宅区），每周清抹一次

10.5 开展保洁质量检查

检查是控制保洁质量的一种常用方法，也是很有效的方法，被多数物业项目经理采用。

10.5.1 质量检查四级制

质量检查四级制如图 10-3 所示。

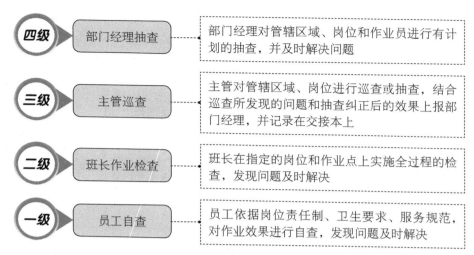

四级 部门经理抽查 —— 部门经理对管辖区域、岗位和作业员进行有计划的抽查，并及时解决问题

三级 主管巡查 —— 主管对管辖区域、岗位进行巡查或抽查，结合巡查所发现的问题和抽查纠正后的效果上报部门经理，并记录在交接本上

二级 班长作业检查 —— 班长在指定的岗位和作业点上实施全过程的检查，发现问题及时解决

一级 员工自查 —— 员工依据岗位责任制、卫生要求、服务规范，对作业效果进行自查，发现问题及时解决

图 10-3 质量检查四级制

10.5.2 质量检查的要求

质量检查的要求如图 10-4 所示。

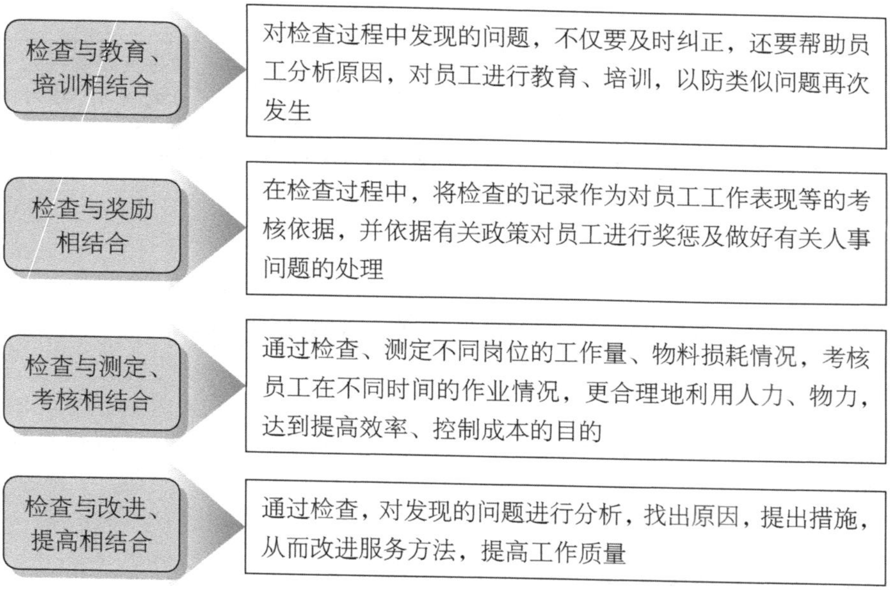

检查与教育、培训相结合 ▶ 对检查过程中发现的问题，不仅要及时纠正，还要帮助员工分析原因，对员工进行教育、培训，以防类似问题再次发生

检查与奖励相结合 ▶ 在检查过程中，将检查的记录作为对员工工作表现等的考核依据，并依据有关政策对员工进行奖惩及做好有关人事问题的处理

检查与测定、考核相结合 ▶ 通过检查、测定不同岗位的工作量、物料损耗情况，考核员工在不同时间的作业情况，更合理地利用人力、物力，达到提高效率、控制成本的目的

检查与改进、提高相结合 ▶ 通过检查，对发现的问题进行分析，找出原因，提出措施，从而改进服务方法，提高工作质量

图 10-4 质量检查的要求

10.5.3　运用报表来管理

物业公司可将每日、每周、每季度、每年的清扫保洁和消杀工作用记录报表（如表 10-3 和表 10-4 所示）的形式固定下来，以便布置工作和进行定期检查。

表 10-3　垃圾清运服务质量记录

单位：　　　　　　　　　　　　　　　　　　　　　　　　　　　年　月　日

日期	清运时间	是否及时清运	尚未清运	清运效果	清洁工签名	日期	清运时间	是否及时清运	尚未清运	清运效果	清洁工签名
1						17					
2						18					
3						19					
4						20					
5						21					
6						22					
7						23					
8						24					
9						25					
10						26					
11						27					
12						28					
13						29					
14						30					
15						31					
16											

说明：此表由班长指派室外组清洁员填写，每月交房管部门，保存一年。

表 10-4　消杀过程记录表

　　　　　　　　　　　　　　　　　　　　　　　　　　　　　　年　月　日

记录　　项目　地点	灭蚊蝇		灭鼠			消杀人	监督人	备注
	喷药	投药	放药	装笼	堵洞			
垃圾箱								

（续）

项目 记录 地点	灭蚊蝇		灭鼠			消杀人	监督人	备注
	喷药	投药	放药	装笼	堵洞			
垃圾中转站								
污、雨水井								
化粪池								
窨井								
绿地								
楼道								
自行车库								
雨篷								
食堂、宿舍								
游泳场								
停车场								
设备房								
商业网点								
向住户发药								

注：1. 对当天已做的项目用"√"表示，未做的项目用"×"表示。

2. 清洁班长负责监督、填写此表，物业管理处保存一年。

10.6 专业承包公司的选择及监督检查

10.6.1 选择标准

物业项目经理在选择专业承包公司时，应考察其是否具备承担清洁、垃圾清运业务的资质；有没有能力履行承包合同的义务与责任；有没有能力承担违约责任；社会信誉是否良好；服务价格是否合理。具体操作时可参考表10-5。

表 10-5 合格清洁承包商评审表

清洁承包商资料	公司名称		
	公司地址		
	经营范围		
	联系人		
	联系电话		
评审标准	**评审内容**	**具备画"√", 不具备画"×"**	**具体说明**
	有合法营业执照		
	是有三年以上经验的大型专业公司		
	有公司资质证明		
	承包项目人力资源计划合理		
	机械装备和清洁工具先进		
	员工统一着装，素质良好		
	配料科学，操作规范		
	清洁服务计划详尽		
	该公司其他客户满意度高		
	服从我公司的管理和监督		
管理部意见	经理签名： 日期：		
总经理批示	总经理签名： 日期：		

10.6.2 对承包商的服务加以管理

对于已选定的承包公司的保洁服务，物业项目经理应设置专门的物管员加以管理，使物业小区达到质量标准，具体的管理措施如下。

（1）要求承包公司制订具体的工作计划，包括岗位设置及职责、服务标准、技术要求、垃圾清运时间、责任和义务等，并在合同中约定，以此作为监督检查的依据。

（2）根据实际情况制定工作制度、规定，如"清洁工作检查规程""消杀管理办法"等，并监督承包公司实施。

（3）承包公司根据要求、工作计划、合同，安排下属员工进行具体清洁、消杀、垃圾清运工作，物业公司依据上述文件每天进行监督检查。

（4）在日常工作中，物业公司应要求清洁员工遵守有关管理规定，以合约形式约定双方的行为规范，并附带经济责任。

10.6.3 监督检查

物管员每天要对所辖物业区域的日常清洁、消杀及垃圾清运工作进行监督检查。承包公司主管及物管员依据质量标准进行自查和巡查工作，物管员要将检查结果登记在"日常清洁评分表"及"消杀服务工作考核记录"（如表 10-6 所示）中。物管员发现清洁工作不合格时，要立即通知清洁公司主管责令责任人（清洁员工）返工，垃圾清运工作不合格，则要上报主管联系垃圾清运公司负责整改，直至合格为止。

物业项目经理也可对辖区内的清洁、消杀及垃圾清运工作进行不定时抽查，如每月的日评分表中累积有 15 天出现问题，则要发出"整改通知书"要求其进行整改，并将结果上报经理。同时，将费用的结算与考核相结合，具体操作时可参考"卫生质量评定和卫生费计算表"（如表 10-7 所示）。

表 10-6　消杀服务工作考核记录

物业管理处：　　　　　　　　　　　　　　　　　　　　　年　　月　　日

序号	检查项目		存在问题	扣分	备注	乙方签名
1	消杀计划及实施情况					
2	消杀效果	鼠				
3		蚊				
4		蝇				
5		蟑螂				
6	服务态度					
7	投诉处理					
8	工具及药物使用情况					
9	上级单位检查结果					
10	总分					

（续）

部门评估意见	
物业管理处	经理签名：　　　　　　　　　　　日期：
消杀服务单位	主管签名：　　　　　　　　　　　日期：
管理部	经理签名：　　　　　　　　　　　日期：

表 10-7　卫生质量评定和卫生费计算表

年　　月　　日

检查单位＼评分＼周期	一周	二周	三周	四周	五周	全月平均	卫生承包费
							卫生承包费计算公式：基数承包费的××%（×代表乙方本月实得分数）
合计							
物业管理处负责人签字							
供方负责人签字							

 **学习思考**

1. 请描述保洁管理的范围。

2. 如何对保洁管理机构进行设置及职责划分?

3. 如何制订清扫保洁工作每日、每周、每月、每季度直至每年的计划?

4. 如何制定保洁操作程序和保洁质量标准。

5. 质量检查四级制是指哪四级,各级的责任人与检查要求是什么?

6. 如何选择及监督检查专业清洁服务承包公司?

7. 如何对专业清洁服务承包公司的服务进行管理?

学习笔记

第十一章　业主（用户）投诉处理

▶ **学习目标**

1. 能概括业主（用户）投诉内容的四个方面。

2. 能描述客户投诉处理工作流程、投诉处理规程与质量标准，能参考本章提供的范本结合物业项目实际制定客户投诉处理制度。

3. 能阐述投诉处理的要求，能使用常规应对方法。

4. 能描述减少业主（用户）投诉的措施，并在实际工作中实施这些措施。

投诉是指业主（用户）因对物业公司的服务提出需求或不满等，通过各种方式向有关部门反映的行为。其方式包括来电、来访、来函及其他（如登报）等。接到业主（用户）投诉后，物业项目经理应认真分析原因，并妥善处理，同时，应建立投诉处理制度，对所有物业工作人员进行培训，确保每个工作人员面对投诉时知道该如何处理。

11.1　业主（用户）投诉内容分析

11.1.1　对设备设施方面的投诉

对设备设施方面的投诉主要包括图 11-1 所示的两个方面。

业主（用户）对设备设施设计不合理或遗漏及质量感到不满。如电梯间狭窄、楼梯拥挤、没有货梯、客货混运、房屋漏水、墙体破裂、地板起鼓等

内容一

内容二

对设备运行质量不满意。如空调供冷不足，电梯经常停梯维修，供电、供水设备经常出现故障等

图 11-1　对设备设施方面的投诉内容

产生以上投诉内容的原因主要在于业主（用户）购买、使用的物业与业主（用户）的期望有差距。业主（用户）使用物业、支付物业管理费，就是希望物业能处于最佳使用状态，并感觉方便舒心。但在设计开发物业时，可能未考虑到或未完全按照业主（用户）的需要来设计，设备的选型和施工质量也存在各种各样的问题，

所以造成了上述种种不便。

11.1.2　对服务方面的投诉

业主（用户）对物业质量的评价主要来自以下七个方面。

（1）安全：业主（用户）的财产和人身安全能否得到切实保障。

（2）一致：物业服务达到了规范化、标准化，具有可靠性。

（3）态度：物业管理人员礼貌得体、热情和蔼等。

（4）完整：物业服务项目完善齐全，能满足不同层次业主（用户）的需要。

（5）环境：办公和居住环境安静、文明和谐等。

（6）方便：服务时间和服务地点方便，有便利的配套服务项目，如停车场、会所、自行车棚、邮局、托儿所等。

（7）时间：服务时间和服务时效及时快捷等。

当业主（用户）对上述七个方面的评价低于期望值时，就会产生不满，从而发起投诉。

11.1.3　对收费方面的投诉

收费方面的投诉主要是各种分摊费和特约维修费。如水、电、清洁、绿化、公共设备抢修等分摊费用及换灯、换锁、换门等特约维修费用。

11.1.4　对突发事件方面的投诉

因停电、停水、电梯困人、溢水及室内被盗、车辆丢失等突发事故而造成的偶然性投诉。

11.2　规范投诉的处理程序

为使业主（用户）的投诉能得到及时处理，同时使各个部门真正负起责任来，物业项目经理应该重视投诉处理制度的建设，将客户投诉的形式和类型区分开，确定从投诉受理至处理完毕的时间要求、程序及相关负责人员。以下提供一个范本供物业项目经理参考。

【实战范本】投诉处理内部工作程序

投诉处理内部工作程序

1. 目的

规范公司各类业主投诉处理的流程与管理要求。

2. 范围

适用于各物业项目业主投诉处理的流程与管理过程。

3. 工作规程

3.1 投诉的分类与界定

3.1.1 投诉按性质分为 A、B、C 三类，具体说明如下：

（1）A 类投诉：由于物业公司管理或服务不到位而产生的业主投诉，此类投诉视为有效投诉，有效投诉按程度又分为重大投诉、重要投诉和轻微投诉；

（2）B 类投诉：因工程遗留或房屋质量方面的问题而导致的投诉；

（3）C 类投诉：因外部环境、非管辖区域的问题或其他社会问题而产生的投诉。

3.1.2 重大投诉是指发生的事故直接影响业主的正常工作、生活秩序，造成经济损失或人身伤害，引起业主的强烈不满。

（1）公司承诺或合同规定提供的服务没有实施或实施效果有明显差错，经业主多次提出而得不到解决的投诉。

（2）由于公司失职给业主造成重大经济损失或人身伤害的。

（3）在一个月内得不到合理解决的有效投诉。

（4）由政府或上级主管部门反馈，造成了一定社会影响的业主投诉。

（5）群体投诉即同时发生 10 人以上对同一问题的投诉事件。

3.1.3 重要投诉是指因公司的管理服务工作不到位、有过失造成业主不满而引起的投诉。

3.1.4 轻微投诉是指因公司的设施设备和管理水平有限给业主造成的轻微不便，非人为因素造成的影响，或因个别、偶然性因素造成业主一般不满而引起的投诉。这类投诉一般比较容易在短时间内得到解决和改进。

3.2 客户投诉处理工作流程

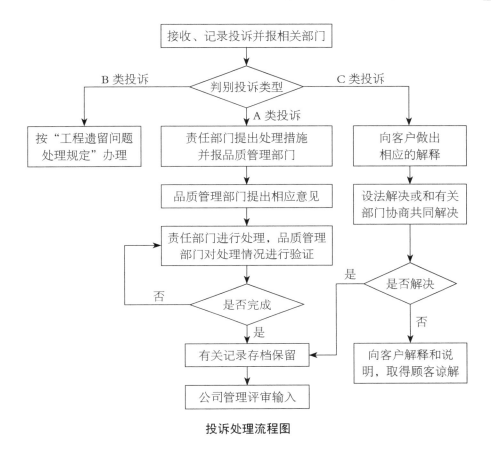

投诉处理流程图

3.3 投诉处理规程与质量标准

3.3.1 接待投诉处理规程与质量标准

服务流程	工作内容	质量要求
上门投诉	（1）遇有业主上门投诉时，应立即放下手头的工作，请业主入座，并聚精会神地聆听投诉内容，以友善的目光与投诉者接触，适时做出简单的复述，以示了解问题所在 （2）业主叙述时，要认真记录事件经过／事实，不乱许诺、不东张西望、不插嘴、不敷衍了事 （3）业主发脾气时要耐心忍让，友善劝解，注意语气语调。与业主意见发生分歧时，不当面争论或指责，不对业主言论发表评论 （4）业主有过激行为时，不与之发生正面冲突。遇群体投诉时，应立即报告上级领导，并积极采取应对措施	（1）符合岗位礼仪要求 （2）认真倾听、准确记录 （3）保持冷静，积极倾听，态度亲善，语调温和，用词恰当，能在和谐的气氛下将事情圆满解决 （4）危机情况通报及时、处置得当，不造成重大影响和损失

（续）

服务流程	工作内容	质量要求
上门投诉	（5）详细记录投诉人姓名、房号、投诉事件内容、时间、地点、人员和业主要求等信息，并做好值班记录	
电话投诉	（1）接到业主电话投诉时，要先安抚业主情绪，耐心细致地询问不满原因、事实经过等内容 （2）详细记录投诉人姓名、住址、不满情况、事件发生时间、地点、人员和业主要求等 （3）尽快了解情况，解决问题、回复业主	（1）符合电话接听礼仪 （2）认真倾听、耐心细致、礼貌友善、记录翔实、信息准确 （3）答复明确、客观，能化解业主的不满情绪
当面投诉	（1）遇业主（用户）当面提出意见或不满时，认真倾听，了解具体情况 （2）能解决的，当面答复业主具体解决方案 （3）不能解决的，了解情况，及时上报领导，随后答复业主具体解决方案	有效倾听，答复、处理恰当
书面投诉	（1）书面投诉包括信函、电子邮件、业主意见调查中表达的不满意信息 （2）接到业主书面投诉时，要先判断投诉类别与责任部门，接收记录后协调责任部门处理 （3）重大、重要投诉与政府转来的投诉信件，应立即拿出处理建议，并报告责任领导	（1）记录清晰、准确，没有漏项 （2）邮件转递及时准确 （3）投诉信息传递及时、无延误

3.3.2 投诉处理规程与质量标准

服务流程	工作内容	质量要求
投诉信息传递	（1）正常工作时间（8：00–16：30/17：00），接诉人第一时间将投诉信息进行分类，协调相关部门进行处理，填写记录并跟踪处理 （2）节假日和夜间（16：30/17：00–次日8：00），接诉人第一时间与物业相关负责人进行沟通，能早期处理的应先行处理，对于重大、重要投诉，要立即拿出处理建议，并报告责任领导	（1）传达信息完整、准确、及时 （2）符合"首问责任管理规定"要求
了解详情、做好记录	（1）投诉处理人收到业主（用户）的投诉信息时，要及时、主动联络投诉人，了解被投诉的部门、时间、地点、事项、人员等具体情况 （2）将业主投诉的具体内容，准确记录在值班记录中	（1）及时、主动联络 （2）耐心聆听，仔细记录，态度诚恳 （3）整理资料，准确记录

（续）

服务流程	工作内容	质量要求
判断	（1）联系物业公司与相关部门判断投诉性质和程度，按相应程序进行处置。对于A类重大投诉应及时上报分管领导 （2）服务中心与相关部门立即拟定解决措施，根据事件的轻重缓急在规定时间内回复投诉业主（用户） （3）将有效投诉的原因分析、解决措施填写在相关记录中 （4）若为无效投诉，应视情况在一个工作日内将投诉无效的原因知会投诉人	（1）公平、公正、准确地判断投诉性质和程度，处置得当 （2）协商解决措施，最终统一处理意见 （3）有助于业主（用户）了解事实真相。如属于业主（用户）自身原因时要做出适当解释，以免引起业主反感
通报、分析	（1）将业主投诉情况及时、准确地通报相关部门及部门负责人 （2）服务中心配合相关部门及时开展调查，分析问题产生的原因	（1）及时、准确通报 （2）事实调查准确，分析判断正确，能为投诉处理提供可靠信息

3.3.3 投诉处理规程与质量标准

服务流程	工作内容	质量要求
问题处理	（1）相关部门实施整改，并将整改结果填写于相关记录中 （2）服务中心根据投诉的性质，在规定时间内将处理结果/意见反馈给投诉人 （3）确因工程问题或其他原因无法在规定的时间内回复和处理的，可按照具体情况实施并做好相应的沟通解释工作 （4）对业主（用户）的重大投诉，在处理过程中，公司内部要及时沟通并保持口径一致，避免部门之间对同一业主的问题给出不同的处理意见 （5）请业主（用户）在"投诉处理记录"中签署意见 （6）对业主（用户）提出的建议、改进方向做好记录	（1）对于重大投诉应在两小时内回复，三个工作日内处理完毕 （2）对于重要投诉应在一个工作日内回复，两个工作日内处理完毕 （3）对于轻微投诉应在两小时内回复，一个工作日内处理完毕 （4）回复投诉人时态度诚恳、语言委婉
内部反馈/沟通	（1）投诉处理部门在投诉处理结束时，应及时将处理结果、投诉人提出的建议、改进方向进行汇总，反馈至服务中心，将重要建议和意见反馈给分管领导 （2）有必要时组织制定纠正预防措施	及时反馈沟通情况，有效组织改进活动

（续）

服务流程	工作内容	质量要求
回访	（1）服务中心根据规定回访投诉人，对改进和投诉处理的效果进行跟踪 （2）对回访时业主（用户）仍不满意的问题继续进行跟进处理。尤其是对于业主被盗要求赔偿的问题，应尽量向业主（用户）做好相关解释工作 （3）对 B 类、C 类投诉与非本公司力所能及的问题，要向业主（用户）解释说明，本公司正积极与相关方沟通协调	（1）业主投诉处理后三个工作日内，100% 回访，有回访记录 （2）回访时问题处理有效，能得到业主的认同 （3）解释恰当、得体，不会引起业主不满
记录归档	投诉处理完成后，将相关记录整理归档	记录完整，字迹清晰，便于查阅

11.3 处理投诉的要求与常规应对方法

11.3.1 处理投诉的要求

处理投诉时应满足以下要求。

（1）处理投诉时，应本着"细心细致、公平公正、实事求是、依法合理"的原则，以国家法律、地方法规、行业规定及业主公约、业主用户手册为依据，实事求是地解决问题，消除业主（用户）的不满。

（2）换位思考，将业主（用户）投诉的事项当作自己要投诉的事项，积极思考自己期望得到的答复。

（3）将业主（用户）投诉处理看作与业主（用户）交朋友、宣传自己和公司的机会，并通过为业主（用户）实事求是地解决问题，达到加强沟通的目的。

（4）接待投诉时，接待人员应严格遵守"礼貌、乐观、热情、友善、耐心、平等"的 12 字服务方针，严禁与业主（用户）辩论、争吵。

（5）富有同情心，了解业主（用户）的难处，从而在处理投诉的过程中能以正确的心态应对。

业主（用户）有投诉就说明物业公司的工作尚有漏洞，说明业主（用户）的某些要求尚未被重视。因此物业公司工作人员应理解业主（用户）的心情，努力处理并满足他们的真正需求，真诚地帮助业主（用户）解决问题。只有这样，才能赢得业主（用户）的信任与好感，有助于问题得到解决。

11.3.2　接到投诉的常规应对方法

处理业主（用户）投诉一般采取以下几种方法。

11.3.2.1　耐心听取并记录投诉，不当面反驳业主（用户）的意见

业主（用户）前来投诉，是对物业公司某些方面的服务或管理有了不满或意见，心中有怨气，物业管理人员要耐心听取业主（用户）"诉苦"并进行记录，使业主（用户）感觉到物业管理人员虚心诚恳的态度，从而达到业主诉说结束其怨气也得以消除的效果。

11.3.2.2　对业主（用户）的遭遇或不幸表示歉意或同情，让业主（用户）的心理得以平衡

业主（用户）投诉的问题无论大小轻重，物业管理人员都要认真对待和重视，要采取"换位思考"的思维方式，设身处地地站在业主（用户）的立场上思考问题，对其遭遇的麻烦和不幸给予理解和安慰，拉近与业主（用户）的心理距离，并表示立即采取改善措施。这样做业主（用户）通常都会感到满意。

11.3.2.3　提出处理意见，满足业主（用户）的部分合理要求

很少有业主（用户）向物业管理处投诉是为了表示"彻底决裂"的，大多数业主（用户）用投诉来与物业管理处"谈判"，主要是让物业管理处重视其投诉的问题并能解决。因此，物业管理处要站在"公平、公正、合理、互谅"的立场上向业主（用户）提出处理意见，同时协调解决好业主（用户）遇到的困难和问题，满足业主（用户）的合理要求。

11.3.2.4　感谢业主（用户）的意见和建议，并将其作为改进工作和完善工作的依据

业主（用户）能向物业管理处投诉，就表明业主（用户）对物业管理处持信任态度。物业管理处要有"闻过则喜"的度量，对业主（用户）的信任表示感谢，并对业主（用户）的投诉进行整理分类形成清单（如表11-1所示）。因此，改进管理和服务工作可以从另外一个角度检讨、反思物业管理处的各项工作，进而完善和改进服务工作。

表 11-1　用户投诉处理清单

月份：　　　　　　　　　　　　　　　　　　　　　　　　　　　　　　　年　　月　　日

序号	投诉记录表编号	投诉日期	用户房号	投诉人	投诉事项	管理部记录人	处理部门	处理人	处理日期	处理结果

审核：　　　　　　　　　　　　　　　　　　　　制表：

11.4　减少业主（用户）投诉的措施

11.4.1　完善制度

不断建立与完善各项管理和服务制度，并严格按照规程和规范开展工作，这是减少业主（用户）投诉的关键环节。

11.4.2　强化沟通

加强与业主（用户）的联系与沟通，经常通过各种渠道把有关规定和要求传达给业主（用户），使业主（用户）理解、支持和配合。这是减少投诉的重要条件。

（1）积极通过联谊等形式，开展社区文化建设，促进与业主的交流，消除物业公司与业主之间的感情隔阂，使业主对物业公司产生一定的信任感。

（2）通过公告栏、信箱、简讯、走访、业主大会等形式，宣传物业管理工作的规定和要求，使业主（用户）理解和支持物业公司的工作。

（3）物业公司可采取问卷调查、回访等信息沟通方式，了解业主（用户）需求，解决业主（用户）困难，减少业主（用户）的消极投诉。

11.4.3 加强培训

物业项目经理应利用各种形式加强对员工的培训，提高其服务意识、服务技能及预见能力，这是减少投诉的保证。

物业管理服务的过程往往是"生产"与"消费"同步完成的。因此，每位员工的服务都有一定的不可补救性，业主（用户）对某位员工的糟糕印象所产生的坏影响，会影响整个管理公司。所以物业公司要想减少投诉，就应加强员工培训，不仅要培养员工使用规范用语、进行规范操作的能力，还要培训员工灵活服务的技巧和应变能力，更要加强员工的服务意识和职业道德教育，并配以奖惩机制，从而督促、激励员工为业主（用户）提供优质服务。

11.4.4 及时控制

加大巡视检查力度，及时发现和解决问题，把事态控制在萌芽状态。这是减少投诉的根本。物业公司加强日常管理、通过巡视检查等手段，可以尽量减少事故发生；加强管理，杜绝管理中的漏洞，使管理趋于"零缺点"或"无缺陷"。

11.4.5 提供更优质的服务

不断适应社会的发展、寻找新的服务方式和方法是减少投诉的前提。即使业主（用户）对物业公司当前的服务"非常满意"，也不意味着公司就可以停滞不前了。如果物业公司不进行创新，即使保持持久的服务优势和质量，还是会招致业主（用户）的不满。因此，物业公司应注重研究业主（用户）的潜在需要，并保持超前的创新思维，提供更完善的管理和更便利的服务，持续获得业主（用户）的支持，减少投诉事件的发生。

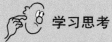 学习思考

1. 业主（用户）对设备设施方面的投诉主要包括哪两个方面？

2. 业主（用户）对物业质量的评价来自哪七个方面？

3. 投诉的处理程序中有哪些关键点，该如何控制？

4. 处理投诉时应满足哪些要求？

5. 处理业主（用户）投诉时一般采取以下哪几种方法？

6. 哪些措施可以减少业主（用户）投诉？

学习笔记

第十二章 物业成本控制

▶ **学习目标**

  1. 能掌握物业管理成本的构成，尤其是不同类别下的成本项目。

  2. 能阐述物业项目管理成本的四大特点。

  3. 能参考本章提供的模板对物业项目进行成本预算。

  4. 能说明降低物业成本的各项措施，并落实在实际工作中。

导读 >>>

物业公司除了要想办法提高物业管理费的收缴率，应该将控制成本视为内部管理的重中之重。成本控制的目的就是增加收入、减少支出，杜绝浪费和避免不必要的开支。

12.1 物业管理成本的构成

物业管理成本由营业成本和期间费用两个部分构成。

12.1.1 营业成本

营业成本是企业在从事物业管理活动中发生的各项直接支出，包括直接人工费、直接材料费和间接费用等，具体说明如图 12-1 所示。

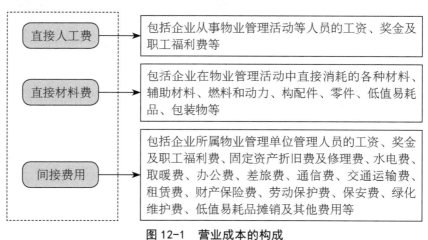

直接人工费	包括企业从事物业管理活动等人员的工资、奖金及职工福利费等
直接材料费	包括企业在物业管理活动中直接消耗的各种材料、辅助材料、燃料和动力、构配件、零件、低值易耗品、包装物等
间接费用	包括企业所属物业管理单位管理人员的工资、奖金及职工福利费、固定资产折旧费及修理费、水电费、取暖费、办公费、差旅费、通信费、交通运输费、租赁费、财产保险费、劳动保护费、保安费、绿化维护费、低值易耗品摊销及其他费用等

图 12-1 营业成本的构成

12.1.2 期间费用

期间费用是物业公司在提供物业管理服务过程中发生的，与物业管理服务活动没有直接联系，属于某一会计期间耗用的费用。

12.1.2.1 管理费用

管理费用是物业公司行政管理部门为管理和组织物业管理服务活动而发生的各项费用，包括公司经费、工会经费、职工教育经费、劳动保险费、待业保险费、董事会费、咨询费、审计费、诉讼费、排污费、绿化费、税金、土地使用费、土地损失补偿费、技术转让费、技术开发费、无形资产摊销、开办费摊销、业务招待费、坏账损失、存货盘亏、毁损和报废（减盘盈）损失及其他管理费用等。

12.1.2.2 财务费用

财务费用是物业公司为筹措资金而发生的各项费用，包括以下几项：

（1）利息净支出；

（2）汇兑净损失（汇兑收益减去汇兑损失）；

（3）金融机构手续费；

（4）公司筹资发生的其他财务费用。

12.1.3 划清营业成本与期间费用的界限

营业成本与期间费用不得混淆、互相挤占。成本是在实现收益后即得到的补偿，期间费用则计入当期损益。凡期间费用要按有关规定（或标准）分别计入管理费用或财务费用。这样就能弄清企业的直接耗费和间接耗费，准确核算企业的成本和损益，促进企业加强成本管理，降低成本，提高效益。

12.2 物业项目管理成本的特点

物业公司的工作就是根据物业服务合同的约定，对房屋及配套的设施、设备和相关场地进行维修、养护、管理，维护相关区域内的环境卫生和秩序。从物业公司的工作性质可以看出，物业工作具有空间分散、时间连续、内容复杂等特点。这些特点导致物业公司的成本呈现如下特点。

12.2.1 物业公司的成本形成点多

物业公司的成本可分为服务成本、管理成本和经营成本。服务成本是在为业主服务的过程中发生的成本，如维护小区治安、进行消防检查、保障小区安宁等过程中发生的成本。管理成本是对小区房屋及配套的设施设备和相关场地进行维修、养护、管理所发生的成本，如小区设施设备的维修等。经营成本是物业公司在开展社区经济过程中所发生的成本，如经营小区会所、经营公共设施等。因此，在物业公司，每个部门、每个单位、每个环节、每个岗位、每个员工都是一个成本形成点。

12.2.2 物业管理成本的发生面广

物业公司为了取得规模效益，总是不断地抢占市场。市场越来越大，物业的分布面就越来越广，物业管理成本的发生面也越来越广。

12.2.3 物业公司成本监控线长

物业公司的工作从空间上要延伸到所管物业的每个角落，从时间上要延伸到所管物业的每个时点，所以物业公司的管理层次多，大部分成本发生点和相应成本监控点之间相隔较长，从而形成了较长的成本监控线。

物业公司的成本具有上述特点，导致了物业公司的成本监管难，表现为难统一模式、难统一标准、难统一核算。因为不同的物业公司往往类型不一、大小不一、新旧不一、特点不一、业主的要求不一、收费模式不一、收费标准不一，不同的物业公司面临的市场环境、社会环境也差异很大，导致物业公司很难用统一的成本管理模式、统一的成本管理标准和统一的核算要求管理所有物业管理处（项目中心）。因此，物业公司的成本监管也很难。

12.3 做好物业成本预算

成本预算也称成本计划，它是根据物业公司的经营目标和经营方针，在了解过去、分析现在和预测未来的基础上，以货币形式事先规定预算期内履行物业服务受托责任应发生的成本的一种财务管理活动。

成本预算是物业公司财务管理手段、财务管理起点和财务预算的一个重要组成部分，是企业在一个时期内的成本水平、成本目标的一种书面方案。

对一个物业项目而言，其费用包括人工成本、治安防范、消防及车辆管理成本、清洁卫生成本、绿化管理成本、维修服务成本等几个主要项目。以下提供某物业公司各项费用的预算模板供参考。

【实战范本】某物业公司费用成本预算表

某物业公司费用成本预算表

一、人员费用支出成本预算表

项目	行次及关系	人数	备注
一、年平均从业人员人数（人）	1=2+…+7	56	
其中：1.管理人员	2	2	
2.客服人员	3	2	
3.维修人员	4	12	
4.保洁、绿化人员	5	18	
5.办公室人员	6	20	
6.保安人员	7	2	

项目	行次及关系	金额（元）	备注
二、从业人员费用支出总额（元）	8=9+16+23	1 397 280.00	月均116 440元
（一）工资支出总额（元）	9=10+…+15	1 119 600.00	月均工资总额93 300元
其中：1.管理人员工资总额	10	69 600.00	经理：4 000元/月×12个月×1人=48 000元 文员：1 800元/月×12个月×1人=21 600元
2.财务人员工资总额	11	54 000.00	财务经理：2 500元/月×12个月×1人=30 000元 出纳：2 000元/月×12个月×1人=24 000元
3.保安人员工资总额	12	254 400.00	保安主管：1人×2 500元/月×12个月=30 000元； 保安：11人×1 700元/月×12个月=224 400元

（续）

项目	行次及关系	金额（元）	备注
4. 保洁人员工资总额	13	289 200.00	保洁主管：1人×2 000元/月×12个月=24 000元 保洁人员：17×1 300元/月×12个月=265 200元；
5. 工程人员工资总额	14	416 400.00	工程主管：2 500元/月×1人×12个月=30 000元 水电工：1 700元/月×4人×12个月=81 600元 综合维修：1 600元/月×8人×12个月=153 600元 弱电维修1 800元/月×4人×12个月=86 400元 监控：1 800元/月×3人×12个月=64 800元
6. 绿化人员工资总额	15	36 000.00	绿化人员：1 500元/月×24人×12个月=36 000元
（二）福利费支出总额（元）	16=17+…+22	33 600.00	月均2 800元（春节、中秋）
其中：1. 管理人员福利总额	17	1 200.00	节日福利：200元/次×3次×2人=1 200元
2. 财务人员福利总额	18	1 200.00	节日福利：200元/次×3次×2人=1 200元
3. 保安人员福利总额	19	7 200.00	节日福利：200元/次×3次×12人=7 200元
4. 保洁人员福利总额	20	10 800.00	节日福利：200元/次×3次×18人=10 800元
5. 工程人员福利总额	21	12 000.00	节日福利：200元/次×3次×20人=12 000元
6. 绿化人员福利总额	22	1 200.00	节日福利：200元/次×3次×2人=1 200元
（三）社会保障支出总额（元）	23=24+…+29	244 080.00	月均20 340元，缴费人员占全员64%
其中：1. 管理人员社保总额	24	13 560.00	2人×（565元）×12个月=13 560元
2. 财务人员社保总额	25	13 560.00	2人×（565元）×12个月=13 560元

（续）

项目	行次及关系	金额（元）	备注
3. 保安人员社保总额	26	54 240.00	8人×（565元）×12个月＝ 54 240元
4. 保洁人员社保总额	27	67 800.00	10人×（565元）×12个月＝ 67 800元
5. 工程人员社保总额	28	94 920.00	14人×（565元）×12个月＝ 94 920元
6. 绿化人员社保总额	29	0.00	2人×（0元）×12个月＝0元

二、项目物业服务运行总成本支出预算表

项目	行次及关系	年预算指标（元）	备注
一、人员费用支出	1=2+3+4+5+ 6+7+8	1 648 160.00	月均137 347元
1. 工资	2	1 119 600.00	见"人员费用支出成本
2. 过节福利费	3	33 600.00	预算表"
3. 社会保障费	4	244 080.00	
4. 餐费	5	201 600.00	每人按照10元，即56× 10×30×12=201 600元
5. 高温费	6	13 440.00	每人按照60元，四个月 即56×60×4=13 440元
6. 工装费	7	22 400.00	每人按照100元/套，4 套/年，即56×100× 4=22 400元
7. 劳保用品	8	13 440.00	每人按照20元/月，即 56×20×12=13 440元
二、物业共享部位、共享设施设备日常运行维护费	9=10+…+19	25 800.00	月均2 150元
1. 围墙铁栏杆	10	1 200.00	100元/月×12个月＝ 1 200元/年
2. 电梯	11	7 200.00	100元·月/部×6部×12 个月=7 200元/年

（续）

项目	行次及关系	年预算指标（元）	备注
3. 路面照明灯	12	1 200.00	100元/月×12个月＝1 200元/年
4. 停车场	13	1 200.00	100元/月×12个月＝1 200元/年
5. 消防设施设备	14	1 200.00	100元/月×12个月＝1 200元/年
6. 供电设施	15	1 200.00	100元/月×12个月＝1 200元/年
7. 污水处理（含化粪池清理）	16	4 800.00	400元/月×12个月＝4 800元/年
8. 日常维修、人防及单元楼道照明	17	3 600.00	300元/月×12个月＝3 600元/年
9. 公共门	18	1 200.00	100元/月×12个月＝1 200元/年
10. 其他	19	3 000.00	
三、绿化养护费	20	24 000.00	2 000元/月×12个月＝24 000元/年；月均2 000元
四、清洁卫生物耗	21	24 000.00	物耗：2 000元/月×12个月＝24 000元/年；月均2 000元
五、物业共享部位、共享设施设备及公共责任保险费（元）	23	0	不涉及，业委会成立后决定
六、特种设备年检费	24＝25＋26＋27	19 000.00	此项甲方负责，不计入成本。乙方负责以实际发生金额为准收取，由用户分摊
1. 电梯年检费	25	6 000.00	1 000元/部×6部＝6 000元/年
2. 消防年检费	26	6 000.00	6 000元/次/年
3. 供电设施年检	27	7 000.00	7 000元/次/年
七、办公费	28＝29＋30＋31	126 200.00	月均10 516.67元

（续）

项目	行次及关系	年预算指标（元）	备注
1.营业税金	29	99 000.00	1 800 000元×5.5%=99 000元/年
2.管理费分摊	30	5 000.00	分摊公司管理成本
3.其他费用	31	22 200.00	办公用品：150元/月×12个月=1 800元/年；电话费：200元/月×12个月=2 400元/年；招待费：10 000元/年；交通费：300元/月×12个月=3 600元/年；打印机碳粉：90元/个×10个=900元/年；培训费（主管单位组织）：3 500元/年
八、固定资产折旧费	32	0.00	
九、应提取利润	33	30 000.00	
十、所得税	34	9 900.00	30 000元×33%=9 900元
十一、物业服务运行总成本	35=1+9+20+⋯+24+28+32+33+34	1 907 060.00	月均158 922元
十二、服务物业管理面积（平方米）	36	22 714.60	可收物业服务费面积=25 530
十三、年平均单位面积物业服务运行成本（元/平方米/年）	37=35÷36	83.96	每平方米建筑面积一年的物业管理成本
十四、月平均单位面积物业服务运行成本（元/平方米/月）	38=37÷12个月	7.00	每平方米建筑面积一个月的物业管理成本

三、项目物业服务费收入预算表

项目	行次及关系	预算指标	备注
一、服务物业交付时间	1	2012.10.1	
二、总建筑面积（平方米）	2=4+7+10+11	32 284.00	
服务物业管理面积（平方米）	3=4+6	22 714.60	可收取物业服务费面积
其中：1.餐饮、客房	4=5+6	7 756.65	

（续）

项目	行次及关系	预算指标	备注
其中：①餐饮	5	5 025.38	
②客房	6	2 731.27	
2.民政局、军休	7=8+9	8 579.00	
其中：①民政局	8	1 275.79	
②军休	9	7 303.21	
3.写字间	10	6 378.95	
4.其他面积（平方米）	11	9 569.40	地下室9 569.40平方米，其中地下三层需要摊销2 815.56平方米，地下一、二面积按照车位停放收取物业服务费
三、电梯数（部）	12	6	
四、增压水泵数（台）	13	2	
五、服务物业服务人数（人）	14	约300	
六、物业服务费收入情况	15	……	
（一）餐饮物业费收入情况（元）	16	……	
1.应收餐饮物业服务费	17	732 322.00	8 718.12平方米×7.00元·月/平方米×12个月=732 322元
2.实收写字楼物业服务费预测	18	732 322.00	
3.预测收缴率（%）		100%	
（二）写字楼物业费收入情况（元）	19	……	
1.应收写字楼物业服务费	20	688 285.00	7 169.64平方米×8.00元·月/平方米×12个月=688 285元
2.实收写字楼物业服务费预测	21	688 285.00	
3.预测收缴率（%）	0	100%	
（三）民政局物业费收入情况（元）	22	……	
1.应收民政局物业服务费	23	809 962.00	9 642.40平方米×7.00元/平方米×12个月=809 962元

（续）

项目	行次及关系	预算指标	备注
2. 实收民政局物业服务费预测	24	809 962.00	9 642.40平方米×6.00元/平方米×12个月=694 253元
3. 预测收缴率（％）	0	100%	9642.40平方米×6.50元/平方米×12个月=752 107元
（四）地下车位物业服务费收入情况（元）	25	……	
1. 应收车位物业服务费	26	288 000.00	60个×400元·月/个×12个月=288 000.00元
2. 实收车位物业服务费预测	27	144 000.00	
3. 预测收缴率（％）	28	50%	
七、物业服务费总收入（元）	29=18+21+24+27	2 374 569.00	月均197 880.75元 2 374 569/12=197 880.75元

四、项目物业服务运行总成本支出补充说明

物业服务运行总成本由"人员费用、物业共享部位/共享设施设备日常运行维护费、绿化养护费、清洁卫生费、秩序维护费、物业共享部位/共享设施设备及公共责任保险费、特种设备年检费、办公费、固定资产折旧费、应提取利润、所得税"11项开支扣除物业经营所得收益构成，全面涵盖了物业管理各个系统，确保物业管理和服务工作的开展以及服务质量达标。

注：

1. 收入全年餐饮按照每平方米7.00元应收732 322元

　　收入全年民政局按照每平方米7.00元应收809 962元

　　收入全年写字间按照每平方米8.00元应收688 285元

　　收入全年停车场应收144 000.00元

　　全年收入合计：2 374 569元平均每月197 880.75元 −158 922元=38 958.75元

2. 收入全年餐饮按照每平方米7.00元应收732 322元

　　收入全年民政局按照每平方米6.50元应收752 107元

　　收入全年写字间按照每平方米8.00元应收688 285元

　　收入全年停车场应收144 000.00元

全年收入合计：2 316 714 元平均每月 193 059.50 元 −158 922 元 =34 137.50 元

3. 收入全年餐饮按照每平方米 7.00 元应收 732 322 元

收入全年民政局按照每平方米 6.00 元应收 694 253 元

收入全年写字间按照每平方米 8.00 元应收 688 285 元

收入全年停车场应收 144 000.00 元

全年收入合计：2 258 860 元，平均每月 188 238.33 元 −158 922 元 =29 316.33 元

12.4　降低物业成本的措施

12.4.1　加强人力资源成本的控制

物业行业属于劳动密集型行业，高年龄、低学历人员依然在物业人员中占有很大的比例。物业公司到底需要年龄大、文化程度低但技术熟练的员工？还是需要年纪轻、文化程度高的员工？答案是前者可以使企业在短期内降低人工成本，后者则可以为企业获得长期的成本优势。物业公司应根据各自状况的不同做出具体决策。

物业公司的性质决定了成本费用主要是人力资源成本。其中占比最大的主要是基层服务人员的工资，包括保安、保洁等人员的工资。因地制宜、合理有效地设置公司职能部门，科学、合理地使用人力资本是物业公司降低成本切实有效的方法和手段。从劳动生产率的角度来衡量，物业服务管理中 90% 的工作量是在物业管理处完成的。因此，物业公司职能部门的设置应以精干、高效为宜，部门越少、人员越精越好。机构庞大、人员冗杂是极大的资源浪费，不但增加了成本，还增加了内耗，降低了管理效益。

12.4.2　发挥规模优势，控制成本

中小物管企业在激烈的市场竞争中，只有努力做强做大，才能在市场中立稳脚跟，实现持续发展和低成本扩张。这里所谓的低成本扩张是指由一个管理成熟的大型小区向周边几个小区辐射管理，实现管理人员的共享，从而大大降低管理成本。

要想实现企业的低成本扩张，物业公司要做到以下两个方面。

12.4.2.1　科学、合理地制定物业管理处的用人编制

物业公司可以根据小区的面积和实际情况来进行人员定编定岗，对于一些技术含量不高的工作岗位，可以实行一人多岗，这样既有利于工作开展，又可以减少人员编制。例如，把小区内勤的工作岗位设在物业管理处的服务中心，这样不仅可以管理内部业主档案和财务收支、处理公司往来文件，还可以负责业主接待工作。严格控制人力资源成本，是物业公司降低成本、提高效益的主要途径。

12.4.2.2　通过科技手段来降低人工成本

现阶段物业管理仍是一种粗放型的管理，管理层次低，智能化水平低，处于简单的手工操作阶段，需要耗费大量的人力、物力。因此，物业公司应使用现代化的手段，增加物业管理的科技含量，提高物业管理质量。例如，在道口增设自动收费系统，在小区内设立巡更机、监控等智能化管理设施。

12.4.3　能源消耗控制

在物业管理行业中应该加强节约意识，这里的节约是指人力、物力的节约。物业公司要做好开源节流，在日常工作中杜绝浪费，管理好容易出问题的环节，如耗材、水电费等。能源消耗控制的具体措施如下。

（1）设置能源管理岗位（兼职），实行能源管理岗位责任制。

（2）采用与各所属部门签订"控制能源消耗责任书"的形式实行逐级管理，做到责任到岗、责任到人。

（3）实施节能改造，应当进行能源统计和投资收益分析，明确节能指标，并在节能改造后采用计量方式对节能指标进行考核和综合评价。

（4）减少空调、计算机、复印机等用电设备的待机能耗，及时关闭用电设备。

（5）严格执行国家有关空调室内温度控制的规定，合理制定制冷机、空调机、新风机组等开停机时间，充分利用自然通风，改进空调运行管理。

（6）电梯系统采用智能化控制，合理设置电梯开启数量和时间，加强运行调节和维护保养。

（7）充分利用自然光，使用高效节能照明灯具，优化照明系统设计，改进电路控制方式，应用智能调控装置，严格控制建筑物外部泛光照明以及外部装饰用照明的开停时间。

（8）对网络机房、食堂、开水间等部位的用能情况实行重点监测，采取有效措施降低能耗。

12.4.4　加强维修保养费用控制

维修费用包括公共部位维修费用和日常维修费用，在物业公司的成本中占比很大。若在物业管理中控制了维修费用，就可能在很大程度上控制物业管理费的支出，维修工作的好坏也直接影响到物业管理水平的高低。因此，在物业管理的财务管理工作中对维修费用要做到适当控制。物业公司应要求各物业管理处认真编制维修费用的全年预算，建立和完善维修费用审批制度。加强维修保养费用控制的具体措施如图 12-2 所示。

签订定期合同	与服务优质、价格合理、讲信誉的维修公司签订定期合同，不但服务质量可以得到保证，还能得到价格上的优惠
采用竞争招标方式	对大项目的维修要实行竞争招标，通过对比维修单位的服务、价格，挑选出合适的单位来为公司服务，尽量把费用控制到最好的水平
把握好维修时间	平时注意小修理，别等机器超负荷运转后才修理
做好维修行业的信息调查和信息收集	只有及时掌握市场的价格信息、技术信息，才有办法决定是自修还是外修。例如，对于小修、中修工程，可以由公司各物业管理处的工程维修人员来完成

图 12-2　加强维修保养费用控制的措施

12.4.5　加强成本考核，建立激励约束机制

物业公司要贯彻严肃认真的原则考核各物业管理处的成本指标，使各物业管理处意识到成本控制的重要性，这是调动管理人员的积极性，完成目标成本的有效措施。为保证全年目标成本的实现，财务部对各物业管理处实行定期考核，同时各物业管理处对员工实行定期考核，并通过成本管理责任制，使各物业管理处的预算成本执行情况与单位、个人利益结合起来。物业公司还要把对各物业管理处领导的考核任免同成本管理结合起来，充分发挥机制的约束和激励作用，从而推进物业公司

成本管理水平的不断提升。

12.4.6　部分服务外包给专业公司

物业公司可以实行专业分包业化服务，将部分项目发包给专业公司。

例如，将清洁卫生这一技术含量较低、利润率不高的项目发包给专业清洗公司，该类公司在清洁卫生方面能够提供比物业公司更加优质的服务，而且成本更低，物业公司也不用承担清洁工的社会保险等，管理费用也会因此降低。

 **学习思考**

1. 物业管理中的营业成本有哪些项目？

2. 如何划清营业成本与期间费用的界限？

3. 物业项目管理成本有哪四个特点？

4. 请参考本章提供的成本预算案例，说明成本预算包含哪些成本项目？

5. 降低物业成本的措施有哪些？

✍ **学习笔记**

_____

_____

_____

_____

_____

_____

_____

_____

_____

_____

第十三章　物业服务质量控制

▶ **学习目标**

1. 能阐述物业服务质量包括的内容。

2. 能说明物业服务质量管理的特点。

3. 能阐述物业服务质量管理的控制措施，并有效实施。

导读 >>>

　　物业服务质量直接影响着物业公司的形象及业务拓展。抓好物业服务质量，事关物业项目的全体员工，甚至全体业主（用户）。所以，管理的方法、技巧很重要。

13.1　何谓物业服务质量

　　提升物业服务质量的首要问题是必须对物业管理的服务质量有正确的认识。否则，将物业管理服务的质量简单地看作小区卫生清扫的干净程度，就不可能把物业管理工作做好。

　　物业服务质量是指物业管理服务活动达到规定要求和满足业主（用户）需求的能力与程度。其服务质量主要包括以下几方面内容：

　　（1）基础设施的维护质量；

　　（2）物业管理服务的工作质量（如服务态度、服务技巧、服务方式、服务效率、服务礼仪、住区的清洁卫生等）；

　　（3）物业管理服务项目；

　　（4）物业小区的环境氛围等。

13.2　物业服务质量管理的特点

　　物业服务质量管理，是物业公司全体员工同心协力，综合运用现代管理手段和方法，建立完善的质量体系，通过全过程的优质服务，全面满足业主（用户）需求的管理活动。

物业服务质量管理的主要特点如图 13-1 所示。

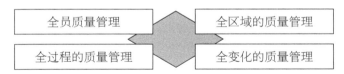

图 13-1 物业服务质量管理的主要特点

13.2.1 全员质量管理

物业服务质量管理的优劣，是物业管理各个部门、各个环节全部工作的综合反映，涉及物业管理小区的全体员工和全体业主（用户）。管理者处于管理服务的位置，起关键作用。但是，若没有被管理者即业主（用户）的配合，即使是再优秀的物业管理也只能是一句空话。因此，必须把全体管理者和业主（用户）的积极性和创造性充分调动起来，牢固树立"质量第一"的思想，做到全员参与质量管理。

13.2.2 全过程的质量管理

物业服务管理工作的全过程，包括对物业小区进行管理的服务前、中、后三个阶段。这不仅是面对业主（用户）进行的服务工作，还包括服务前做的准备工作，以及服务后的善后工作。为此，物业公司必须做到以下两点：

（1）把物业管理的重点从事后把关转移到事前预防上来，将注重结果变为注重因素，防患于未然；

（2）树立为业主（用户）服务的思想，物业管理工作中每一个环节的质量都要经得起业主（用户）的检验，满足业主（用户）的要求。

13.2.3 全区域的质量管理

全区域的质量管理主要从组织管理的角度进行。每一个物业管理区域的质量管理不仅是对管理者的管理，还包括对物业公司领导层的管理，以及对业主（用户）的管理，其中每种管理角色都有明确的质量管理活动的重点内容。对领导层侧重于质量管理决策，组织、协调物业公司各部门、各环节、各工种人员质量管理的统一活动；对基层管理者而言，要求每个员工严格地按标准和规章制度进行操作，严格检查实际操作情况，完善质量监督机制；对业主（用户）来说，要自觉遵守小区的各个规定。

13.2.4　全变化的质量管理

随着社会的进步和经济的发展，业主（用户）对物业服务质量的要求越来越高，影响物业辖区服务质量的因素也越来越复杂，既有人的因素，也有物的因素；既有物业项目内部因素，也有物业项目外部因素。因此，为了有效控制各影响因素，物业项目经理必须广泛、灵活地运用各种现代化管理方法，如目标管理法、统计法、QC 小组质量法等，把心理学、行为科学、社会学等相关学科应用于物业的全面质量管理之中。

物业的全面质量管理必须有效利用人力、物力、财力、信息等资源，提供符合业主（用户）期望的服务。这是物业公司推行全面质量管理的出发点和落脚点，也是物业服务质量管理的基本要求。

13.3　物业服务质量的控制措施

要想全面提高物业服务质量管理的水平，就必须从基础工作抓起，从物业管理服务的质量管理抓起，从业主（用户）对服务的质量信息反馈和及时处理各种质量投诉问题等方面抓起。具体的控制措施如下。

13.3.1　服务质量要有目标

质量目标是指经过一段时间（一般为 3 年）的努力可以达到的目标。

13.3.1.1　质量目标的要求

（1）质量目标应满足业主（用户）对物业服务的需求。

（2）质量目标应具体化，尽可能定量化，至少要明确定性，如维修回访率达到95%。

（3）应切合物业项目管理的实际情况，经过一段时间的努力可以达到。目标应高于目前已达到的水平，而不是无须经过任何努力就可以达到，那么制定出来的目标就失去了意义。但也不是目标制定得越高越好，因为目标定得太高，就会使员工失去"跳一跳"的动力。

13.3.1.2 质量目标的内容

物业项目的质量目标可以是多样化的，其内容通常包括技术员工上岗持证率、绿地养护完好率、物业管理服务费用收缴率、重大责任安全事故发生率、质量事故发生率、设备完好率、房屋完好率、客户综合满意率、投诉处理率、有效投诉率、清洁绿化管理完成覆盖率、员工培训率、报修（故障）到场时间、电梯故障（困人抢修）到场时间、因管理责任发生重大刑事案件、因管理责任造成汽车丢失或严重损毁、火灾事故发生率等。

13.3.2 制定服务质量标准

服务质量标准是对服务质量要求及其检验方法等所做的统一技术规定，它是检验和评定服务质量的重要依据。

物业服务质量标准的制定要与物业项目的服务等级相对应。在制定时要参考《普通住宅小区物业服务等级标准》，该标准将物业服务分为三个等级，即一级、二级、三级，等级越高，服务的要求也就越高。

此外，某个物业项目的服务质量标准也要与物业服务等级相适应。当然，应尽量超越物业公司的质量标准。

13.3.3 建立健全物业管理质量责任制度

物业管理质量责任制是物业公司各部门、各岗位和员工在质量管理工作中为保证服务质量和工作质量所承担的任务、责任与权利。建立管理质量责任制可以把与质量职能有关的各项具体工作同全体员工的工作积极性结合起来，形成严密的质量体系，更好地提高小区服务质量。

13.3.4 要开展服务质量意识培训

物业管理并非只是纯粹的管理，还包含服务。所以，物业公司必须通过培训让物业管理处的全体工作人员都树立良好的服务意识。

13.3.4.1 业主（用户）第一，服务至上

树立"业主（用户）第一，服务至上"的意识，主动并不断地了解、满足业主

（用户）的需求。工作人员应该做到以下几点：

（1）学会尊重人，才能热情、耐心地倾听业主（用户）的要求；

（2）学会理解人，才能对业主（用户）提出的任何细微、琐碎的事情都采取负责的态度，认真对待；

（3）学会关心人，才能从业主（用户）的角度出发，急业主（用户）所急，想业主（用户）所想，主动为业主（用户）提供便利。以情感人、以理服人、尊重他人，任何时候都体现"以人为本"的宗旨。

13.3.4.2　勿以善小而不为

物业管理涉及每家每户，如今天这家水管坏了，明天那家下水道堵了，后天谁家又要换个灯管等。这些事情看似小事，但对业主（用户）来讲，它们直接影响了自己的工作和生活，也影响了对物业公司的信心。

物业管理的工作内容就是这些一件件的小事，物业公司应该每时每刻、一件一件地为业主（用户）做好服务。

因此，物业管理人员必须从小处着眼，尽心尽力做好每件事。

13.3.4.3　把服务质量看作企业的生命线

服务质量的好坏直接影响着公司的声誉。随着商品经济的发展，市场竞争日益激烈，优胜劣汰是必然趋势。因此，以质量求生存、求发展是物业公司的必由之路。物业工作人员的质量意识、心理因素、思想情绪、业务素质，时时刻刻都在直接或间接地影响着服务质量。

13.3.5　加强服务质量的监控与检查

物业服务的监督检查就是由上而下，对物业服务的各个岗位、各个环节进行质量监督与检查，并针对监督检查发现的问题及时采取纠正措施。

国内一些知名的物业公司往往会设立质量管理部，定期往物业管理处派出监督员，把工作检查作为企业运行中的一个纽带、一条生命线，建立了一套完整的检查机制。作为物业项目经理，重点工作是要按照物业公司的质量工作安排带领各部门、各岗位具体执行。质量检查按不同的标准可以划分成不同的类别。

13.3.5.1　按检查周期分

按检查周期分，有日检查、周检查、月检查、季度检查、突击检查等。日检查是必须每天进行的检查，如环境保洁、车辆停放等；周、月、季度检查是根据需要可以间隔一段时间进行的检查，如某些设备点检等。检查周期的长短可以根据实际情况制定。

13.3.5.2　按检查等级分

按检查等级分，有班组检查、部门检查、物业管理处检查、公司检查等。最基础的是班组检查，只有班组检查做好了，其他检查才有意义。

13.3.5.3　按检查手段分

按检查手段分，有人工检查、利用技术手段检查。其中人工检查占大多数，是基础。技术手段检查包括保安员的自动巡更仪，利用现代信息技术将保安员巡逻到位的情况进行自动记录，管理者可通过计算机检查保安员是否尽职尽责。

13.3.5.4　按检查内容分

按检查内容分，有抽样检查和全面检查。全面检查耗时较多，一般间隔时间长。

13.3.5.5　按检查者身份分

按检查者身份分，有内部检查和外部检查。内部检查是公司内部人员进行的检查，外部检查是外聘质检员进行的检查，其中包括行业与主管部门组织的检查，如图 13-2 所示。

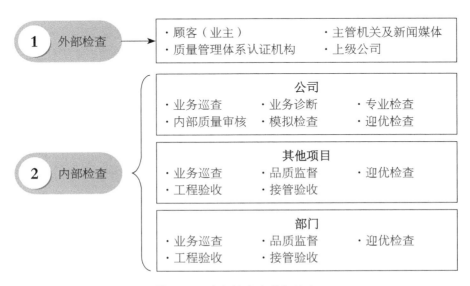

图 13-2　内部检查和外部检查

13.3.6　定期开展业主满意度调查

顾客满意度调查旨在通过连续性的研究，了解顾客的要求和期望，识别该产品或服务的发展趋势，获得消费者对特定服务的满意度、消费缺憾等指标的评价。对于物业公司来说，顾客满意度调查就是指业主满意度调查。

13.3.6.1　业主满意度调查的意义

对业主满意度进行客观、科学的量化具有以下重要意义：

（1）深度分析业主对物业服务的期望和要求，可以为公司建立以业主为中心的产品策略和营销策略提供决策支持；

（2）可以帮助公司识别影响满意度的因素及各因素的作用强度，提高服务水平，提升业主对公司的忠诚度，改善公司经营绩效；

（3）满意度调查可以帮助物业公司改善与业主之间信息不对称的情况，有利于建立和谐社区和实现企业可持续发展。

13.3.6.2　物业公司对业主满意度的测评指标

物业公司对业主满意度的测评指标主要有两种。

（1）业主满意率

业主满意率是指在一定数量的目标业主中表示满意的业主所占的百分比。

（2）业主满意度指数

业主满意度指数是运用计量经济学的理论来处理多变量的复杂总体，全面、度量业主满意度的一种指标，它能反映复杂现象总体数量上的变动状态，表明业主满意度的综合变动方向和趋势；能分析总体变动中受各个因素变动影响的程度；能对不同类别的服务进行趋于"同价"的比较。

可以说，业主满意度指数能够科学、全面、综合地度量业主的满意程度。

13.3.6.3　业主满意度调查的方式

从意见获取的方式来看，业主满意度调查方式一般包括两种，如图 13-3 所示。

主动调查	被动调查
（1）日常服务过程采取抽样电话访谈和上门深度访谈相结合的调查方法 （2）每年对业主进行至少两次全面问卷调查 （3）第三方机构的调查	通过设立业主服务中心、业主服务热线和现场意见箱等方式进行调查

图 13-3　业主满意度调查的方式

13.3.6.4　业主满意度调查的来源

从调查来源上看，有来自物业管理行业外部的调查和内部的调查两种。

（1）行业外部。来自物业管理行业外部的方式有各级消费者协会、质量部门和新闻媒体等机构开展的整体满意度测评。

（2）行业内部。在行业内部开展的业主满意度调查有四种方式，如图13-4所示。

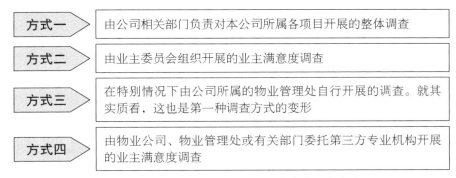

方式一　由公司相关部门负责对本公司所属各项目开展的整体调查

方式二　由业主委员会组织开展的业主满意度调查

方式三　在特别情况下由公司所属的物业管理处自行开展的调查。就其实质看，这也是第一种调查方式的变形

方式四　由物业公司、物业管理处或有关部门委托第三方专业机构开展的业主满意度调查

图13-4　行业内部开展的业主满意度调查方式

上述四种不同的业主满意度调查方式，在客观性、可靠性、经济性方面存在明显差异，操作流程、基本要求也不同。其中，公司自行调查的方式是绝大部分物业公司采用的一种满意度调查方式。

13.3.7　进行智能化管理，提升物业管理的科技含量

随着网络的普及和生活水平的提高，人们对居住、办公及经商环境的要求相应提高了。智能化的居住环境成了现代人士的选择，传统式的物业管理模式已变得不合时宜。智能化的物业管理可提高服务效率，而且能够节省人力及降低物业管理的营运成本。

物业公司可以利用先进的计算机技术、通信技术、网络技术、自控技术和智能IC卡技术，实现物业项目管理和服务的自动化，构筑安全、高效、快捷、舒适的信息化居住空间，建成一个便于发挥人的主动性和创造性的现代化文明生活环境。

在保安防盗方面，利用可视对讲控制、紧急报警、电子巡逻系统、边界防卫、防灾报警等方式，提供更全面、快捷、稳妥的服务；在物业服务方面，利用电子抄表、自动化停车场管理、自动化公共照明、电子通告及广告、背景音乐及语音广播、

公共设备的自动监控、自动化的文档系统等，使物业管理达到更有系统、更体贴、更便捷的效果；在物业管理网络信息方面，通过提高上网速度、设置专用电子邮箱、开设公众号和 App、发布短视频、建立微信群等手段，以及综合布线或有线电视网改造等方式，使管理服务的范围从地区性拓展至无地域界限，为业主提供比以前更多的服务及娱乐项目。

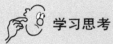 学习思考

1. 服务质量主要包括哪些内容？

2. 什么是全员质量管理、全过程的质量管理、全区域的质量管理、全变化的质量管理？

3. 物业服务质量标准的要求是什么？

4. 物业服务质量目标有哪些内容？

5. 如何开展服务质量意识培训？

6. 如何加强服务质量的监控与检查？

7. 物业公司对顾客满意度的测评指标有哪些？

8. 如何开展业主满意度调查？

学习笔记

第十四章　物业项目管理风险防控

▶ **学习目标**

1. 能描述物业项目管理风险的类别。
2. 能区分物业项目管理风险的来源。
3. 能实施物业项目管理风险的防范对策。

导读 >>>

物业公司的管理风险可谓无处不在。一方面是物业管理服务涉及秩序、环境、设备、设施、建筑本体等多个专业门类；另一方面是物业公司需要面对业主群体、政府部门、市政单位等关联性客户群，承载着很多社会责任和义务。

14.1 物业项目管理风险的类别

物业项目管理涉及房屋、设备设施、环境卫生、治安保卫、绿化五大管理。另外，公共、专项和特约三大服务，不但涉及供水、供电、燃气、规划、消防、环卫绿化等相关部门，而且涉及与工商、税务、物价、城建、公安等政府相关部门的关系。这就给物业管理工作带来了一定的复杂性。如今，小区业主和有关部门凡事就找物业公司，解决不了问题就意味着管理不善，业主动辄以不交物业管理费相威胁，出了事故不问青红皂白就向物业管理公司索赔，这是整个物业管理行业面临的风险。概括而言，物业管理风险按不同的标准可分为以下几类。

14.1.1 按形成不同风险的内在因素划分

物业项目管理风险按形成不同风险的内在因素划分，如图 14-1 所示。

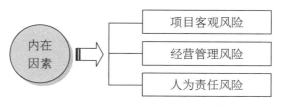

图 14-1　按形成不同风险的内在因素划分

14.1.1.1 项目客观风险

项目客观是指物业项目所处的自然条件（包括地质、水文、气象等）和物业的复杂程度等客观因素给物业管理带来的不确定性。例如，商业街与两个高档住宅区为同一个建设项目，商住合一，商业物业和住宅物业共用一个供水供电系统等。

14.1.2.1 经营管理风险

物业公司在经营过程中，因主观判断失误或工作疏忽等造成的风险，可能会导致企业经济损失的发生。这就是经营管理风险。

14.1.3.1 人为责任风险

人为责任风险是指由于责任方的道德、行为造成的财产损失或人身伤害，包括恶意行为如故意破坏而造成房屋及其设备的损坏、不良行为如乱扔烟头引发房屋的火灾、无意疏忽或违规操作导致电梯等设备运行失控。

14.1.2 按形成风险的内在原因划分

按形成风险的内在原因划分，如图 14-2 所示。

主观风险

主观风险是指由公司内部所有人员（不仅指管理人员，而且包括技术人员、维修工人和其他工作人员）认识的局限性造成的风险

客观风险

客观风险是指公司外部所有自然和非自然的因素，如天灾、市场环境、建筑质量、人为破坏等造成的风险

图 14-2 按形成风险的内在原因划分

14.1.3 按造成风险损失的类型划分

按造成风险损失的类型划分为三类，如图 14-3 所示。

财产风险损失

财产风险损失是指物业，即房屋、附属设施和设备、相关的场地和庭院等因损坏而遭受的损失，分为直接和间接的损失

图 14-3 按造成风险损失的类型划分

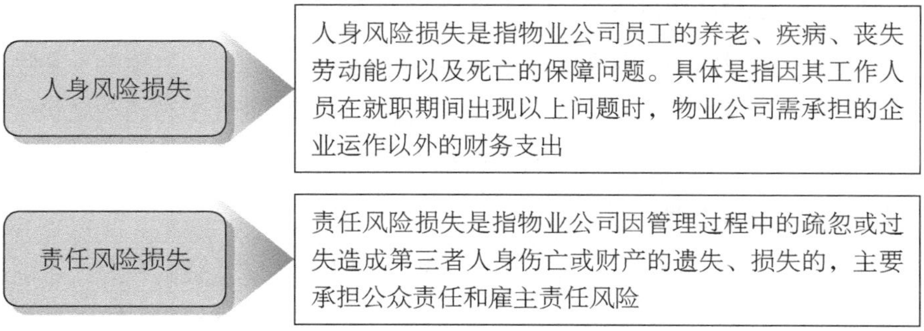

人身风险损失
人身风险损失是指物业公司员工的养老、疾病、丧失劳动能力以及死亡的保障问题。具体是指因其工作人员在就职期间出现以上问题时，物业公司需承担的企业运作以外的财务支出
责任风险损失
责任风险损失是指物业公司因管理过程中的疏忽或过失造成第三者人身伤亡或财产的遗失、损失的，主要承担公众责任和雇主责任风险

图 14-3　按造成风险损失的类型划分（续图）

14.2　物业项目管理风险来源

物业公司的风险按其来源分类有外部风险和内部风险两类。当然，以下提到的一些风险同时具备外部和内部的因素（如图 14-4 所示），物业项目经理应该综合分析。

过度依附房地产开发商
各行政主管部门和各专业服务部门服务不到位
业主、住户、业委会对物业服务消费的观念不成熟和不规范运作
外部风险
风险来源
内部风险
领导追求短期利益
物业工作人员素质偏低
内部管理不科学、不规范

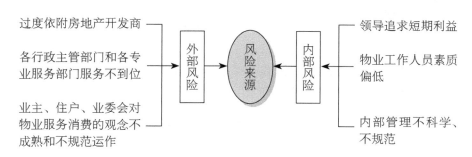

图 14-4　物业公司的风险来源

14.2.1　外部风险

外部风险主要包括以下内容。

（1）过度依附房地产开发商，或因开发建设过程中的不利因素带来的系列风险。

很多物业公司虽然有独立的法人资格、独立的经营管理团队，但实际在财务、

人事、经营决策等方面都依附房地产开发商，造成物业公司的服务目标、服务对象在一定程度上偏离了广大业主，一定程度地影响了物业公司独立、健康发展，因此造成一个较普遍的现象，即房地产开发商经常拖欠空置房的物业管理费。

在项目开发设计时未充分考虑后期物业管理的需要和运行维护成本；建设过程中未按质量标准施工、安装；分期开发周期过长、部分设施设备交付时间不同步；个别销售过程中存在的对业主不负责任的承诺现象等在一定程度上增加了管理难度和管理成本。

（2）各行政主管部门和各相关专业部门服务不及时、不到位、过多干预等现象增加了物业公司的经济负担。

物业公司是个经济实体，很多需要行政干预和支持的管理问题得不到相关行政主管部门的及时帮助。例如，面对很多令小区物业管理人员头痛的问题，包括住宅区内乱搭乱建问题、违规装修问题、小区宠物扰民问题等，物业公司只能疏导、教育、报告，而相关的管理和处理需要有力度的行政支持。

由于相关法规执行不力，物业公司在供水、供电、社区服务等方面造成因责任不清而互相推诿、拖延等问题。以上因素就形成了物业公司额外的营运成本风险。

（3）业主（用户）对物业服务消费的观念不成熟，业主大会、业主委员会不规范运作引起的诸多问题，增加物业公司的营运风险。

由于历史上福利房的消费习惯的影响，物业服务消费对某些人来说还有待于被认识和接受，加上一些媒体对物业管理中存在的问题没有全面的分析和公平合理的评价，造成业主对物业管理服务的误解，以及非业主用户滥用业主权利造成物业公司与业主等多方之间的矛盾。很多业户误以为，他们交了钱养活了物业公司，公司就应该包办好一切，负责业主的所有事务。

业主委员会难成立或少数业主委员会委员存在不管事、乱管事、搞私利等问题，对物业公司正常工作的开展也带来了极大的风险。

要想减少以上外部风险，就需要有关主管部门完善相关法律法规并加强执行的力度。物业公司主要是在相关法规合同上尽力减少企业的风险。当然还有很多其他种类的外部风险，像各种自然的、人为的、设备的意外事故也是物业公司经常遇到的风险，这种风险大多可以通过专业的保险公司转嫁出去。

14.2.2　内部风险

物业公司的内部风险主要是由领导不重视长期利益，而过于追求短期利益；专

学习思考

1. 物业项目管理风险有哪些类别？
2. 外部风险主要包括哪些内容？
3. 物业公司内部风险的来源是什么？
4. 物业项目管理风险防范有哪些主要对策？
5. 如何妥善处理物业管理活动相关主体间的关系？
6. 物业项目可以投哪些保险产品？
7. 物业公司在投保时须提供哪些材料？
8. 物业公司向保险公司书面索赔时，应提供哪些述单证？
9. 如何提高工作人员的防范风险意识？
10. 物业公司为何要保留工作记录？

学习笔记